Isabel Weihermann

FRED&OTTO
unterwegs in den
Bayerischen Voralpen
Wanderführer für Hunde

Impressum

Bibliografische Informationen der
Deutschen Nationalbibliothek
Die Deutsche Nationalbibliothek
verzeichnet diese Publikation in der
Deutschen Nationalbibliografie;
detaillierte bibliografische
Daten sind im Internet über
http://dnb.d-nb.de abrufbar.

ISBN: 978-3-95693-009-6

Grafisches Gesamtkonzept,
Titelgestaltung, Satz und Layout:
Stefan Berndt – www.fototypo.de

Aktualisierte Auflage, 2024

Illustration: Leandro Alzate
(www.leandroalzate.com)

Trotz intensiver Recherchen können
sich Telefonnummern etc. und
Details, selbst Wege verändern. Wir
freuen uns deshalb, wenn Sie uns
Verbesserungsvorschläge schicken.
Alle Angaben sind ohne Gewähr.

Abbildungsnachweis

Alle Fotos Isabel Weihermann
& Elvira Weihermann-Wiche

Finde uns auf Facebook unter www.facebook.com/fredundotto

Isabel Weihermann

FRED & OTTO

unterwegs in den
Bayerischen Voralpen
Wanderführer für Hunde

Inhalt

Vorwort

Was ist das besondere an einen Hundewanderbuch?

Ganz klar, ich habe keine neuen Berge erschaffen oder Wege angelegt. Das Wandern kann ich auch nicht neu erfinden, aber Ihnen ein paar Tipps und interessante Informationen mit auf den Weg geben, welche für Menschen mit Hund draußen interessant sind.

Die hier vorgestellten Touren sind eine kleine Auswahl aus dem großen Gebiet der Bayerischen Voralpen. Auch hier gibt es unzählige mehr, aber ich habe mich bei der Auswahl auf weniger frequentierte Wanderungen mit z.B. Wasser, Schattenanteil und hundefreundliche Hütten oder Einkehrmöglichkeiten beschränkt. Bei der Auswahl der Touren waren mir abwechslungsreiche Wege, schöne Aus- und Einblicke sowie eine gute Einkehr wichtig.

Die meisten Touren sind für das ganze Jahr geeignet – Sommer wie Winter. In unterschiedlichen Schwierigkeitsgraden führen sie oft über schmale Pfade und breiten Forststraßen. Neben langen Touren sind ebenfalls einige Flachlandwanderungen im Angebot. Einige Touren sind auch mit Bergbahn ausgelegt – eine ideale Möglichkeit für junge oder ältere Hunde. Zu finden sind ebenso einige Klassiker wie die kurze Nachmittags Runde mit einer Option auf Kaffee und Kuchen. Denn eine gemütliche Einkehr gehört auf einer Wandertour in Bayern einfach dazu.

Bevor es auf Tour geht ist eine gute Vorbereitung die halbe Miete: Wetter, Schneelage und Orientierung gilt es im Vorfeld zu klären, denn schließlich tragen Sie als Hundebesitzer auch die Verantwortung für Ihren Hund! Im Technikteil wird neben der Sicherheit auch näher auf Ausrüstung für Hund und Mensch eingegangen. Hintergrundwissen

Isabel Weihermann und Piero

von verschiedenen Fachleuten liefert interessante Einblicke Rund um das Thema Hund. Des weiteren werden die Touren durch GPS-Daten und das umfangreiche Kartenmaterial ergänzt.

Wichtig finde ich den Technikteil mit der passendenden Ausrüstung und Sicherheit am Berg. Besonders am Herzen liegt mir aber der Umgang mit Mit-Wanderern, Radfahrern und anderen Tieren. Rücksicht und Vorsicht kann viele Probleme bereits im Vorfeld verhindern und wir Menschen mit Hunden sind so überall willkommen.

Denn während meiner Recherche für dieses Buch habe ich immer wieder mit Hüttenwirten gesprochen. Das Thema Hund auf Hütten ist brisant. Ich habe leider feststellen müssen, dass es auf Grund der wachsenden Beliebtheit zum Wandern mit Hund einen wahren Boom gegeben hat – leider nicht immer positiv. Viele Wirte haben schlechte Erfahrungen mit Hundebesitzern gemacht und erlauben daher keine Hunde mehr über Nacht auf den Alpenvereinshütten. Wirklich erschreckende Beispiele hierfür sind völlig zerkratze Türen, Decken als Hundedecken zweckentfremdet oder nasse und dreckige Hunde im und auf die Schlaflager zu schmuggeln... Diese Tatsachen sind sehr traurig und schade. Die Hüttenwirte sind dabei zu verstehen. Aus diesem Grund finden sich in diesem Wanderführer keine Empfehlungen für Mehrtagestouren.

Als gebürtige Münchnerin ist mir meine Liebe zu den Bergen vermutlich angeboren. Mit einem Hund bin ich in der Nähe von München aufgewachsen. Lange war es mein Wunsch, einen eigenen Hund an meiner Seite zu haben, der meine Leidenschaft zu den Bergen teilt. 2009 erfüllte sich dieser Traum mit dem Mischlingsrüden Piero, der mit neun Wochen bei uns einzog. Seine Vorfahren müssen Steinbock und Schneehase gewesen sein, denn er ist vom ersten Moment an ein wahrer Kletterkünstler und, wie ich, total schneeverrückt. Egal ob mit Schneeschuhen oder beim Wandern – am Liebsten raus in die Natur zu jeder Jahreszeit. Ganz klar, dass mich Piero auf allen meinen Touren begleitet. Neben unserer Leidenschaft zu den Bergen suchen wir Trüffel, sind leidenschaftliche Camper und bereisen mit unserem Wohnmobil ganz Europa. 2010 gründete ich die „Gipfelhunde©" in München. Ein Fachgeschäft für funktionale und sportliche Hundeausrüstung. Bis 2018 bot ich geführte Hundewanderungen und funktionelle Hundeausrüstung an. Seitdem bin ich ausschließlich als freie Autorin und Redakteurin für verschiedene Fach- und Onlinemagazine in den Bereichen Fahrrad, Hund, Wohnmobil und Reisen tätig. Piero genießt mittlerweile seinen Ruhestand und wird von Foxi fit gehalten. Ein neunjährige, griechische Mischlingshündin, die ungeplant in unser Leben tapste und Piero in nichts nachsteht.

Ein fettes Dankeschön geht an meine Frau Elvira, natürlich an Piero und meine beste Freundin Sabine mit Piero's bester Freundin Zoë, mit deren Hilfe viele schöne Flecken entdeckt wurden. Danke an meine Eltern. Danke an alle die mich begleitet und unterstützt haben, dieses Buch zu verwirklichen. In diesem Sinne wünsche ich viel Freude mit diesem Wanderführer und wie der Bayer sagt, „Servus und kemmts guad hoam!"

Wandern mit Hund

Wandern mit Hund: Ist das etwas anderes als der tägliche Spaziergang? Ja, auf jeden Fall! Die Touren sind länger und haben unterschiedliche Schwierigkeitsgrade. Abseits bekannter Spazierwege gelten oft andere Regeln. Bei Bergtouren sollte man sich der Gefahren im alpinen Gelände bewusst sein sowie eine entsprechende Ausrüstung besitzen. Zudem gibt es zusätzliche Aspekte für den Vierbeiner zu berücksichtigen. Man sollte nie vergessen, dass man sich in alpinem Gelände bewegt! Hier kann ein Weg mal durch einen Erdrutsch einfach weg sein oder das Wetter schlägt sehr schnell um. Wege können ausgesetzt sein. Das heißt: Man sollte trittsicher und schwindelfrei sein. Auch eine gute Kondition kann hilfreich sein. Immer wieder gibt es leider Meldungen, dass Menschen und auch Hunde im Gebirge abstürzen. Dessen sollte man sich immer im Klaren sein und umsichtig und vorsichtig handeln. Schließlich trägt der Besitzer die Verantwortung für sich und seinen besten Freund.

Daten und Fakten zum Wanderführer

Der Wanderführer richtet sich ebenso an Urlauber wie Einheimische, die neue Routen entdecken möchten. Die meisten Touren sind Rundwanderungen, bei denen unterwegs eine hundefreundliche Einkehrmöglichkeit besteht. Die meisten Touren sind ebenfalls für das ganze Jahr geeignet. Auch wurde bei der Auswahl darauf geachtet, Touren in unterschiedlicher Länge und mit unterschiedlichen Schwierigkeitsgraden vorzustellen: leicht, mittel und schwer. Natürlich entspricht diese Einstufung individuellem Empfinden. Wobei die Einteilung auf einen durchschnittlich geübten Wanderer mit seinem Hund abgestimmt ist. Leichte Wanderungen entsprechen breiten Forst- oder Wanderwegen ohne nennenswerte Anstiege. Mittelschwere Wanderungen sind anspruchsvoller. Hier können lange Wege, Steigungen, schmale Pfade und eventuell Geröll, übergroße Steine, rutschige Wurzeln und ausgesetzte, aber gesicherte Passagen das Wandern erschweren. Schwere Wanderungen sind steil, lang und beinhalten eventuell auch ausgesetzte Stellen mit Absturzgefahr. Hier sollte der Wanderer auf jeden Fall trainiert, trittsicher sowie schwindelfrei und sein vierbeiniger Begleiter bergerfahren sein. Gutes Wetter ist für diese Touren ebenfalls Voraussetzung.

Gehzeiten entsprechen der allgemein üblichen Berechnung: Bei flachen Strecken wurden 4 Kilometer beziehungsweise 300 Höhenmeter pro

Gemeinsam raus in die Natur

Stunde kalkuliert. Übrigens nicht wundern: Sofern offiziell gekennzeichnete Wege Zeitangaben haben, sind diese im Flachland oft übertrieben lang angegeben, während im Gebirge davon ausgegangen wird, dass hier nur geübte Wanderer unterwegs sind. Diese Zeitangaben sind realistische Werte. Sämtliche Adressen, Preisangaben für Hotelübernachtungen sowie Öffnungszeiten von Gaststätten wurden aktuell recherchiert und können sich verändern.

Die Touren in dem Wanderführer sind geografisch von West nach Ost nummeriert und entsprechend in den Klappkarten eingezeichnet. Detailbeschreibungen der Touren in diesem Buch wurden nach bestem Wissen und Gewissen recherchiert, wobei es durchaus möglich sein kann, dass Strecken aufgrund von Erdrutschen oder Sanierungsarbeiten geändert wurden.

Wandern mit komoot

In diesem Buch sind alle wichtigen Informationen von der Anfahrt über die genaue Route inklusive GPS-Daten bis hin zu Verpflegungs- und Übernachtungsmöglichkeiten enthalten. Zusätzlich können alle Wanderungen und Karten via App auf das Smartphone geladen werden. Dazu muss zunächst die kostenfreie App „komoot" im App Store oder im Play Store heruntergeladen und installiert werden. Nachdem ein ebenfalls kostenfreier Account

Verdiente Pause am Gipfel

angelegt ist, kann man „FRED & OTTO unterwegs in …" bequem und einfach folgen. Dazu den Gutschein-Code (siehe vordere Klappe des Buches) im komoot-Menü eingetragen und los geht's.

Wandern – gut geplant macht doppelt Spaß

Woran ist vor Ihrem Start mit den Hundewandertouren noch zu denken: Ihr Hund sollte geimpft sein und eine Hundehaftpflichtversicherung abgeschlossen sein. Für den Zweibeiner empfiehlt sich in jedem Fall eine Mitgliedschaft im DAV, so Andreas Schütz, Staffelleiter der Rettungshundestaffel der Bergwachtbereitschaft Krün. Denn diese beinhaltet einen Versicherungsschutz, der im Ernstfall auch die Bergung des Verletzten übernimmt. Eine Rettung von Hunden ist abhängig von der Einsatzlage und der vorherigen Zusage der Kostenübernahme aber

grundsätzlich nicht ausgeschlossen, so Andreas Schütz. Schütz hat selbst viel mit Vierbeinern zu tun: Er und sein Team trainieren etwa 300 Stunden mit den Hunden im Jahr. Sie werden zu Einsätzen bei der Lawinenrettung oder bei der Vermisstensuche am Berg gerufen – und dies alles ehrenamtlich!

Wetter und Gewitter

Es empfiehlt sich, immer zu Hause die Tour genau zu planen und eine Karte von dem Gebiet mitzunehmen. Der Wetterbericht, und im Winter der Lawinenlagebericht (www.lawinenwarndienst-bayern.de), sollten vorher unbedingt abgefragt werden. Es schadet nichts, sich selbst ein wenig in das Thema Wetterkunde einzuarbeiten. Nicht nur, wenn die Wanderung in ein Gebirge führt, hilft es, schnelle Wetteränderungen erkennen und entsprechend agieren zu können. Erster Anhaltspunkt ist zum Beispiel die Himmelsfarbe. Hier gibt es zwei ganz einfache Sprüche, die sich jeder schnell merken kann: Romantisches Abendrot – Schönwetterbot. Morgenrot – Schlechtwetter droht.
Ein aufschlussreiches Bild über die Wetterentwicklung gibt die Wolkenformation. Einzelne, weit auseinandergezogene Zirrus- oder Federwolken weisen auf schönes Wetter hin. Falls sich diese jedoch verdichten und der Luftdruck fällt, ist mit Niederschlag zu rechnen. Achtung bei den sogenannten Amboßwolken

(Cumunolimbuswolken): Hier ist mit einem schweren Unwetter zu rechnen. Luftdruck, Tierwelt und sogar Pflanzen wie die Königskerze sind weitere Indizien für eine Wetterprognose. Doch eine genauere Ausführung führt an dieser Stelle zu weit.

Trotz aller Vorsicht ist keiner davor gefeit, vom Gewitter überrascht zu werden. Wer zwischen Blitz und Donner nicht mehr langsam bis zehn zählen kann, sollte sich schleunigst in Sicherheit bringen. Ein Blitz schlägt meist in die höchste Erhebung, zum Beispiel einen Baum, ein. Hier kann die Spannung auf den Menschen überspringen. Zudem bergen herabfallende Äste ein großes Verletzungsrisiko. Dementsprechend gilt bei Gewitter der Spruch: „(Nicht nur) vor Eichen sollst du weichen."

Als Wanderer sollte man auf jeden Fall das freie Feld verlassen, um nicht selbst die höchste Erhebung zu sein. Wer keine Chance mehr hat, Schutz zu suchen, hockt sich mit nah zueinanderstehenden Füßen – wobei jeder einzelne Wanderer gebührend Abstand zum Nächsten halten muss – auf den Boden. So gibt man eine möglichst kleine Angriffsfläche ab. Alle leitenden Gegenstände, wie zum Beispiel Wanderstöcke, werden dabei möglichst weit weg von Mensch und Tier platziert. Sollte man in Lebensgefahr geraten: Beim alpinen Notsignal wird sechsmal innerhalb einer Minute in regelmäßigen Abständen ein sicht- oder hörbares Zeichen abgegeben. Nach einer Minute wird dies wiederholt.

Verantwortung für den Hund, die Natur und Mitmenschen

Als Mensch und Wanderer müssen wir für unseren vierbeinigen Begleiter mitdenken. Zwar ist der Hund mit natürlichem Allrad ausgestattet und sucht sich intuitiv immer den besten Weg, dem auch wir Menschen folgen können. Was er nicht weiß: An einem Grat können lose Steine ihn und seinen eventuell mit der Leine verbundenen Besitzer in die Tiefe reißen – hier also gebührend Abstand halten lassen. Unser treuer Begleiter macht in der Regel alles mit, was der Besitzer ihm vorgibt. Doch man bedenke bei langen oder auch Mehrtagestouren, dass der Hund normalerweise 17 bis 20 Stunden Ruhe am Tag benötigt. Dementsprechend also zwischendrin Pausen einplanen.

Steile Wege sind für Hunde in der Regel kein Problem, wobei zu viel davon bergrunter auf die Gelenke geht. Schwierigkeiten könnten sie auch an ausgesetzten Steigen, Gitterrosten oder Hängebrücken haben. Gerade ängstliche Tiere sollten auf solche Hindernisse langsam vorbereitet werden. Was der Mensch aufgrund der Wanderschuhe kaum merkt, ist für den Hund eine Tortur: scharfe, spitzkantige Steine und Dornen. Am besten die Ballen regelmäßig prüfen und bei Bedarf mit Melkfett o. ä. einreiben oder Pfotenschuhe tragen lassen. Sollte man sich während der Wanderung verlaufen, auf jeden Fall zur letzten bekannten Wegmarkierung zurück-kehren oder auf breiten Forstwegen (bergab) wandern.

Rücksicht und Vorsicht

Wer sich gerne in der Natur bewegt, dem liegt das Thema Naturschutz sicher auch am Herzen. Dementsprechend wandert der rücksichtsvolle Mensch in Naturschutzgebieten auf den markierten Wegen. So werden keine Anpflanzungen zerstört oder Bodenbrüter aufgeschreckt. Seltene Pflanzen dürfen zwar bestaunt, aber nicht abgepflückt werden. Und natürlich wird der eigene Müll mitgenommen und in der Zivilisation entsorgt. An der Alm wie auch in Gaststätten, an Bauernhöfen und in Naturschutzgebieten muss der Hund angeleint sein. Alles andere ist purer Egoismus und wirkt dem wohlwollenden Miteinander von Hundefreunden und Nichthundebesitzern entgegen. Auch sollte es selbstredend sein, dass der Hund mit Artgenossen und Menschen gut verträglich ist – nicht jeder Wanderer und jedes Kind mag Hunde! Wir sind nicht alleine in den schönen Bayerischen Bergen unterwegs – hier gilt es Rücksicht und Vorsicht walten zu lassen, um diese Freiheit und die einzigartige Natur zu bewahren.

Zu guter Letzt sei noch daran erinnert, die eigens dafür vorgesehenen Wanderparkplätze zu benutzen. Wer an Wiesen- oder Waldrändern parkt, sollte sich im Klaren sein, dass er auf fremdem Eigentum steht. Man stelle sich einmal vor, wie es ist, wenn fremde Autos im eigenen Vorgarten parken und hier den Boden zerstören! Gleiches gilt für das Wandern durch hohe Wiesen: Niemand möchte, dass die eigenen Anpflanzungen zerstört werden. Wiesen dienen der Futtergewinnung und abgeknickte Halme erschweren das Mähen.

A Sackerl fürs Gackerl

Ein leider immer noch großes Thema sind die Hinterlassenschaften in Form von Häufchen. Auch, wenn man sich in der Natur befindet, sollte der Hundekot zum Beispiel auf (Alm-)Wiesen und überall dort, wo sich Mensch oder Tier ernähren, hinstellen oder hinsetzen könnten, eingesammelt werden. Man mache sich dabei bewusst, dass, sofern der Kot auf den Wiesen liegen bleibt und von Kühen versehentlich verspeist wird, indirekt wieder in unserer Nahrungskette – zum Beispiel als Milch – auf dem Tisch landet. Abgesehen davon wird vermutet, dass Hundekot im Viehfutter (Gras/Heu) für Kälbersterben verantwortlich ist. Eine gut verschlossene Plastikbox bringt die befüllte Hundetüte sicher ins Tal.

Leinen los

Endlich raus in die Natur – was bietet sich da mehr an als seinen Hund von der „lästigen" Leine zu lassen. Viel Platz zum Toben, spannende Gerüche,

An Ausgesetzten Stellen und in höheren Regionen besondere Vorsicht walten lassen

Bachläufe für einen kühlen Schluck Bergquell-Wasser. Kurz gesagt: „Freiheit pur". Das wünscht sich jeder Hundebesitzer für seinen Vierbeiner. Doch damit dies auch für beide Seiten ein Genuss wird, gilt es ein paar Punkte zu beachten, so Hundetrainerin Franzi Müller von Rütter's D.O.G.S.: Da wäre zum Beispiel das ewig leidige und zugleich wichtigste Thema: der Rückruf. Wenn ein Vierbeiner im Alltag schon nicht rückrufbar ist, so sollte dieser aus Sicherheitsgründen auf jeden Fall an der Leine bleiben. Dies hat diverse Hintergründe: Sei es der Hund, der gern „mal eben jagen geht" oder der zu jedem hinrennt, um „nur mal eben schnell Hallo zu sagen". In den Bergen kann ein „Nicht-Hören" viel größere Konsequenzen haben als im normalen Alltag. Ein Tipp vom Profi: Leckerlis oder Futtertube raus, ab in den Park und vor den Touren verstärkt auf der täglichen Gassi-Runde den Rückruf trainieren.

Der zweite wichtige Punkt ist die Leineführigkeit. Es gibt immer wieder Teilstücke bei einer Wanderung, bei denen unsere Hunde aus Sicherheitsgründen an die Leine müssen. Meist sind das ausgesetzte Passagen und dort kann man wirklich keinen ziehenden oder wild nach vorn brechenden Hund an der Leine gebrauchen. Auch hier ist es absolut ratsam, die Leinenführigkeit im Vorfeld zu üben, so Franzi Müller.

Apropos Üben: Ebenfalls empfiehlt sich ein gezieltes „Lauf hinter mir", „Lauf genau neben mir" oder auch ein „Geh voraus" zu trainieren, um in jeder Berglage das richtige Signal für den Hund zu haben.

Für notorische „Zughunde" schlägt Franzi Müller vor, sich den Hund in einem speziellen Zughundegeschirr an einen Trekking- oder Jogginggurt zu hängen (siehe Kapitel Dogtrekking). So wird als Team in gemeinsamer Zusammenarbeit der Gipfel bestiegen. Kein lästiger Rückruf und es macht auch noch Spaß!

Und dann gibt es noch den dritten und letzten Punkt: die Sozial(un)verträglichkeit. Nicht jeder Hund mag andere Hunde, doch ist das ein Grund, sich nicht dem Genuss der Berge hingeben zu dürfen? Die Antwort von Franzi Müller ist Nein. Auch sozialunverträgliche Hunde kann man mit auf seine Bergtour nehmen. Allerdings sollte man sich im Vorfeld folgende Punkte ehrlich fragen:

1. Kann ich meinen Hund im Falle des Falles halten, ohne dass ich 5 Meter hinterhergeschliffen werde? Eine Dogge mit einer 55-kg-Frau scheint da nicht die optimale Konstellation zu sein.

2. Muss ich im Vorfeld Sicherheitsmaßnahmen treffen, wie zum Beispiel einen Maulkorb mitnehmen?

3. Welche Route suche ich aus? Es ist dringend davon abzuraten, enge/steile und unüberschaubare Touren zu wählen. Man sollte sich immer bewusst machen, dass enge Situationen, wo man nicht ausweichen kann, Aggression um ein vielfaches verstärken und zudem

enorm gefährlich für alle Beteiligten sind. Daher der Tipp von Franzi Müller: Breite, gut überschaubare Wege bzw. Routen, wie Almenwiesen, auswählen. 4. Wie aggressiv ist mein Hund grundsätzlich anderen Artgenossen gegenüber? Ist er „beim Erblicken eines anderen Hundes auf 500 Meter kaum mehr zu halten", dann gibt es nur eine richtige Lösung: Hund definitiv nicht mit in die Berge nehmen! Das ist zu gefährlich und endet oft in Stress und Frust für beide Seiten, so die Hundetrainerin. Sie rät dazu, zu trainieren, damit die nächste Bergsaison kommen kann.

Auf der Alm, da gibt es…

… ein besonders heikles Thema: Die Kombination Hund und Kuh. Gerade im Frühjahr reagieren Mutterkühe empfindlich auf Vierbeiner. Ganz schlimm ist es, wenn Hunde auch noch bellen oder hektisch herumlaufen. Deshalb gilt in der Regel auf Almwiesen das Anleingebot. Brigitta Regauer, Wolfsbauftragte der Almwirtschaft.net und Almbäuerin der Rotwandalmen schlägt eine sicherere Alternative vor: „Grundsätzlich ruhig weitergehen, ggf. einen Bogen machen und das Vieh nicht streicheln! Der Hund sollte idealerweise eng bei Fuß gehen und nicht an der Leine. Da Kühe nicht optimal sehen, wird der Hund so nicht als „Gefahr" von der Kuh wahrgenommen. Wenn die Kühe dennoch auf den Menschen zulaufen, kann sich der Hund in Sicherheit bringen,

Weidevieh in gewissem Abstand und mit Ruhe passieren

denn er ist schneller als die Kuh und so ist die Gefahr meist gebannt". Die Kuh erkennt Menschen und hat nichts gegen Wanderer, sondern nur gegen freche Hunde. Beim Angriff die Arme ausbreiten, winken und sich laut als Mensch bemerkbar machen. Auch sind hier die Wanderstöcke von Vorteil. „Im Schlimmsten Fall darf man nicht zögern, den Stock zu benutzen und der Kuh einen Klapps auf die Nase zu geben", so Frau Regauer. Besondere Vorsicht ist bei Herden mit Jungtieren geboten, da Muttertiere ihre Jungen verteidigen. Eine angriffslustige Kuh erkennt man übrigens am Schnauben, dann senkt sie den Kopf und prescht los. Wer von den tonnenschweren Tieren überrannt wird, hat kaum eine Chance, ungeschoren wegzukommen. Viele Angriffe dieser Art enden tödlich. Im Zweifelsfall kann man natürlich die Wanderungen außerhalb des Almbetriebes – dieser ist grob, je nach Region und Höhenlage, von Mai bis September – machen, denn dann ist vieles entspannter. Doch man verpasst viele schöne Erlebnisse, blühende Wiesen oder frische Buttermilch. Weitere Regeln für Almwiesen sind: Das

Gatter immer schließen! Auch können Hunde nicht über die Weideroste laufen. Hier droht Verletzungsgefahr. Den Hund also außen herum laufen lassen oder tragen. Hundehinterlassenschaften unbedingt wegräumen und Hunde nicht in den Viehtränken baden oder sie direkt daraus trinken lassen – wegen der sogenannten Kryptosporidien. Das sind einzellige Parasiten, die Kälber infizieren können.

Wolf und Co.

Früher selbstverständlich, sind Wölfe heute eine Seltenheit: Es gibt immer wieder Wölfe oder Bären in den Bayerischen Bergen. Einem dieser Zeitgenossen in freier Wildbahn zu begegnen, kommt einem Sechser im Lotto gleich, dennoch müssen Almbauern ihr Vieh schützen. Dies geschieht immer mehr durch Herdenschutzhunde. Das heißt aber auch, dass man auf einer Wanderung einer Herde mit Herdenschutzhunden begegnen kann, die andere Hunde von der Herde auf jeden Fall fernhalten werden! Hier gibt es nur eine Möglichkeit: Sich vorher informieren und einen großen Bogen um die Weide machen, so die Wolfsbeauftragte Brigitta Regauer.

Gut gesichert

Das Halsband oder Geschirr mit Adressmarke ist glücklicherweise fast selbstverständlich. Doch ein Halsband ist keine Sicherung am Berg und auch nicht jedes Geschirr ist geeignet, denn es kommt tatsächlich vor, dass Hunde am Berg abstürzen! Hier empfiehlt sich für die Sicherung des Hundes am Berg zum Beispiel das Webmaster™ Harness von Ruffwear© - ein Fünf-Punkte-Sicherheitsgeschirr, aus dem kein Hund mehr „ausbrechen" kann. Beim Kauf sollte der Vierbeiner unbedingt dabei sein, um eine gute Passform zu gewährleisten. Hier ist der Hund nicht nur gut gesichert, man kann ihn auch bei höheren Felspassagen leicht unterstützen. Dieses Geschirr gibt es auch als Kletter- bzw. Abseilgeschirr mit Aluminium-Schnallen. Hier werden die Hinterläufe mit eingebunden, sodass der Hund am Seil das Gleichgewicht hält. Dies ist aber sehr speziell (z. B. für Klettersteig-Touren) und auf keiner unserer Tour in diesem Buch vonnöten.

Je nach Gelände empfiehlt es sich, die Leine nur in die Hand zu nehmen oder diese an einem speziellen Trekking-Gürtel mit einem Karabiner zu befestigen. Hier bietet sich auch eine Flexileine© ein, eingehängt mit einem Karabiner oder eine elastische Führleine an. Die Hände sind so frei für Stöcke und der Hund hat einen gewissen Freiraum. Dies bedarf allerdings etwas Übung und sollte vorher trainiert werden. Praktisch ist auch ein sogenannter Paniksnap – durch einen Schnellverschluss kann die Leine durch einfaches Ziehen an der Reißleine schnell geöffnet werden und der Hund ist vom Menschen gelöst. Für Notsituationen von Vorteil.

Eine Zughundeschaft auf dem Weg nach oben

Klettersteig

Das Thema Klettersteig mit Hund wird immer wieder angesprochen. Hier kommt es zum einen auf den Schwierigkeitsgrad und zum anderen auf den Hund und dessen Gewicht an. Es ist fraglich, ob es eine Freude für alle Beteiligten ist, einen 20-kg-Hund in einem Geschirr über dem Abgrund schwebend eine Eisenleiter empor zu zerren? Zusätzlich zum eigenen Rucksack! Leichte Klettereien und Steige sind für geübte und trainierte Mensch-Hund-Teams mit der richtigen Ausrüstung durchaus machbar. Man bedenke aber, dass ein Hund kein Steinbock ist und es immer wieder vorkommt, dass Hunde abstürzen können.

Dogtrekking

Dogtrekking bezeichnet das Wandern mit Hund und ist verwandt mit dem Zughundesport. Es ist außerdem eine spürbare Erleichterung, wenn der Vierbeiner beim Aufstieg hilft. Durch das Auspowern ist der Hund nach dieser besonderen Art des Wanderns besonders müde und sollte daher langsam an diesen Sport herangeführt werden. Bei zu warmen Temperaturen sollten nur kurze Einheiten absolviert werden. Die Muskulatur der Schultern und die der Hinterläufe wird dabei besonders gestärkt. Eine gute Einweisung und Kondition und natürlich eine gute Ausrüstung sind Voraussetzung: Der Mensch benötigt den bereits beschriebenen Trekking-Gürtel und der Hund ein gutes und passendes Zughundegeschirr. Die Atemwege sollten frei liegen und der Zug gleichmäßig auf einen Punkt generiert werden, um eine optimale Kraftübertragung zu gewährleisten. Diese Art Geschirre sind auch bekannt aus dem Schlittenhundesport.

Mit Rodel oder Skiern ins Tal

Es ist naheliegend, sich im Winter die Talfahrt mit einer Rodel oder Skiern zu versüßen. Bei letzterem ist Vorsicht geboten! Ganz klar stellen die scharfen Kanten der Skier ein erhebliches Verletzungsrisiko für den Hund dar. Hier kann es zu wirklich schweren und furchtbaren Verletzungen kommen, wenn der Hund an die Kanten gerät. Auch ist in tiefem Schnee der Aufstieg für einen Hund mühsam. Die Abfahrt ist dann noch anstrengender für den Hund und je nach Gelände, auch nicht gerade gelenkschonend. Auf Skipisten haben Hunde nichts verloren und die Verletzungsgefahr ist hier um ein vielfaches höher. Eine Skitour mit Hund sollte also gut trainiert und vorbereitet sein. Etwas einfacher ist da eine kleine Rodelpartie. Das Verletzungsrisiko ist geringer, aber dennoch sollte die Geschwindigkeit an den Hund angepasst werden. Denn eine Abfahrt im Galopp belastet die Gelenke des Hundes. Auch Pausen sollten auf einer Abfahrt eingelegt werden. Empfehlenswert ist ein „Zipfelbob" – ein kleiner und leichter Plastikbob. Der Fahrer sitzt nah dem Boden, er ist leicht zu steuern und hat keine Stahlkanten!

Fell oder Hundejacke?

Ein Wolf trägt auch keinen Mantel – das ist richtig, aber es gibt heute einige sinnvolle Hilfsmittel, die es den Nachfahren ohne Unterwolle bei kalten Temperaturen einfach erträglicher machen. Beispielsweise ein Boston Terrier: Keine Unterwolle und nahe am Boden. Das heißt, der Kleine kriegt alles an Kälte und Nässe ab. Hier ist eine wärmende Schicht in Form eines Softshells die ideale Wahl, um Zittern und spätere Folgen wie Rheuma etc. vorzubeugen. So eine hoch-funktionale Jacke tragen auch wir Menschen am Berg, sie ist winddicht, stark wasserabweisend und macht jede Bewegung mit. Alternativ bei starkem Regen hilft den meisten kurzhaarigen Hunden auch ein Regenmantel, der den direkten Regen vom Rücken abhält. Einmal beim ausgewachsenen Hund investiert, hält eine Ruffwear© Funktionswäsche ein Leben lang.

Zweibeiner: Alles eine Sache des Zwiebelprinzips

High-Tec Materialen bei immer weniger Gewicht und mehr Funktionalität sind seit Jahren bei der Outdoor-Ausrüstung für uns Menschen gefragt. Viele dieser Outdoor-Produkte haben sich auch für den Alltag bewährt. Gerade für Hundebesitzer sind beispielsweise feste und dichte Schuhe viel wert. Meist sind es Wander- oder Trekkingschuhe, die sich hier großer Beliebtheit erfreuen.

Am besten ist es nach wie vor, bei der Bekleidung nach dem Zwiebelprinzip zu arbeiten. Kleiderschichten von unterschiedlicher Dicke und Material

Immer genügend Wasser mitnehmen!

werden übereinander angezogen und kombiniert. Die zwischen den Kleidungsschichten befindliche Luft dient so als Wärmeschicht. Auch werden beispielsweise Feuchtigkeitstransport und Windschutz durch die passende Schicht positiv unterstützt. Das Wichtigste ist aber die Unterwäsche - oder heute Base Layer genannt – sie hat die Aufgabe, den Schweiß vom Körper weg zu transportieren. Sie sollte keinesfalls aus Baumwolle sein. Empfehlenswert ist hier ein Produkt aus Kunstfaser oder Merinowolle. Letztere kann bis 30 % des Eigengewichts an Feuchtigkeit aufnehmen. Dabei hält es immer noch warm, ohne sich nass anzufühlen. Netter Nebeneffekt: Auch nach Mehrtagestouren ist es noch tragbar,

da sich der Körpergeruch in Merinowolle in Grenzen hält. Ein Wechselshirt sollte aber in keinem Rucksack fehlen. Der Mid Layer, die Isolationsschicht sorgt für Wärme. Hier empfiehlt sich ein Shirt bzw. Jacke aus Fleece oder Powerstretch. Die Außenschicht bildet der Wetterschutz. Eine sogenannte Hardshell-Jacke aus Gore-Tex hat sich hier bewährt. Wasserdicht, leicht, klein verpackbar und trotzdem robust sind diese Jacken, da mehrere Lagen miteinander verschweißt werden. Auch Softshell-Jacken sind ein guter Wetterschutz. Allerdings verfügen diese über eine nicht ganz so hohe Wassersäule wie eine Gore-Tex-Membran. Dafür sind sie etwas angenehmer zu tragen, da das Material weicher ist. Unbedingt aber sollte die

Jacke atmungsaktiv sein, damit Körperschweiß nach außen transportiert werden kann und verdunstet.

Das sollte in keinem Rucksack fehlen

Neben allem aus der Packliste sollte grundsätzlich wetterabhängige Kleidung, ein Wechselshirt und festes Schuhwerk für den Zweibeiner das Mindeste sein. Sonnenbrille und -creme sowie eine Brotzeit für Mensch und Tier verstehen sich von selbst. Für den Hund müssen neben Leine und Geschirr vor allem Wasser und Kottüten mit in den Rucksack. Bei Übernachtungen ist Futter und eine Hundedecke nicht zu vergessen. Auch gehört eine Erste-Hilfe-Tasche für Hunde zur Grundausrüstung und für Touren mit scharfem Fels empfehlen sich Pfotenschutzschuhe. Die Ballen sollten auf jeden Fall regelmäßig kontrolliert werden. Für empfindliche Pfoten empfiehlt es sich, diese mit Melkfett oder Vaseline ab und zu einzucremen – allerdings besser erst draußen eincremen, um Teppich und Parkett zu schonen. Wenn diese Voraussetzungen gegeben sind, steht einem neuen Abenteuer nichts im Weg.

Packliste Hund:
- Leine(n)
- Geschirr
- Wasser
- evtl. Faltnapf
- Erste-Hilfe-Set
- kleiner Snack
- Handtuch

bei Übernachtung:
- Futter und Schlafplatz

Packliste Mensch:
- festes Schuhwerk
- wetterabhängige Kleidung
- Wechselkleidung (Base Layer)
- dünne Mütze
- Handschuhe
- Stöcke
- ausreichend Getränke
- Brotzeit
- Wanderkarte
- Telefon
- Erste-Hilfe-Set

Mit der Seilbahn

Zu den Bergen gehören Seilbahnen und Sessellifte heutzutage dazu. Im Winter für die Skifahrer, im Sommer erleichtern sie den Wanderern den einen oder anderen Zustieg. Hunde werden in der Regel in allen Kabinenbahnen transportiert. Da sich die Kabinen beim Ein- und Ausstieg langsam vorwärts bewegen, ist dies einigen Hunden nicht geheuer. Da hilft nur: Anleinen und selbstbewusst den Hund engnehmen und ein- bzw. aussteigen. Auch in Sesselliften werden Hunde meist transportiert. Hier ist es aber unbedingt Pflicht, dass der Hund gut gesichert ist. Beispielsweise mit seinem Geschirr eingehängt an einem Brustgurt (Klettergurt) am Menschen. Hier kommt es natürlich auf die Größe und das Gewicht des Hundes an. Desweiteren sollte der Hund seinem

Menschen vertrauen und sich ruhig verhalten. Dass der Hund während der Fahrt auf dem Schoß sitzt und gehalten wird, gibt Sicherheit und er entspannt sich meist schnell und genießt die neue Perspektive.

Mit der Bahn

Viele Touren sind auch mit der Bahn oder der BRB zu erreichen. Allerdings hat sich gezeigt, dass hier die Mitnahme eines oder mehrere Hunde oft nicht gewünscht wird. Der Hund zahlt dann den normalen Kindertarif. Bei Gruppen mit mehreren Hunden lohnt es sich meist nicht, mit dem ÖPNV zu fahren. Kleine Hunde (Katzengröße) kosten meist nichts. Größere müssen dazu auch noch einen Maulkorb tragen.

Übernachten in der Hütte

Auf vielen Hütten im Alpenraum sind Hunde (noch) willkommen – allerdings nur, wenn sie sich zu benehmen wissen! Sie sollten unbedingt vorher anfragen und reservieren! Viele Hütten haben Doppelzimmer, wo der Hund mit nächtigen kann. Lager sind in der Regel tabu für Hunde. Da bleibt oft nur die Bank im Gastraum oder der Hund muss draußen bzw. in der Besenkammer schlafen. Wer das nicht mag oder kann, sollte sich vorab genau informieren oder eine Unterkunft im Tal ausfindig machen. Hier ist die Auswahl meist größer.

Mehrtagestouren

Immer mehr im Trend sind auch Mehrtagestouren oder gar Alpenüberquerungen mit Hund. Grundsätzlich spricht nichts dagegen, mit dem Hund mehrere Tage oder gar Wochen unterwegs zu sein, wenn man einiges beachtet und bedenkt: Das wichtigste ist, dass ein Hund viel schläft und ruht. Er passt sich zwar den Gewohnheiten seines Besitzers an, aber man bedenke, dass in der Regel ein Hund mehr als die Hälfte des Tages schläft oder sich in Ruhe- oder Leichtschlafphasen befindet. Daher sollte man dies bei der Tourenplanung mit einkalkulieren und spätestens alle 2-3 Tage einen Ruhetag einlegen.

Je nach Alter, körperlicher Fitness und Kondition ist es auch möglich, den Hund sein eigenes Gepäck wie z. B. Futter tragen zu lassen. Hierfür gibt es sehr gute Packtaschen, die auf dem Webmaster™ Harness von Ruffwear© basieren. Die Packtaschen lassen sich jederzeit abnehmen, das Geschirr verbleibt am Hund und kann so auch in Pausen oder ohne Packtaschen verwendet werden. Bis zu einem Drittel seines eigenen Körpergewichts kann ein Hund ohne Probleme selbst tragen. Und es ist darauf zu achten, dass das Gepäck gleichmäßig verteilt wird. Damit sich der Hund daran gewöhnt, nehmen Sie sich einige Tage Zeit, bevor es auf Tour geht. Der Hund sollte dafür außerdem mindestens ein Jahr alt sein und vom Tierarzt durchgecheckt worden sein.

Nicht auf jeder Hütte kann man mit Hund übernachten

Die Frage nach dem Futter für längere Touren ist oft einfach beantwortet: Trockenfutter - allein schon wegen des Gewichts/Nutzens. Hier sollte der Hund rechtzeitig dran gewöhnt werden, wenn er zu Hause etwas anderes bekommt. Auch gibt es von vielen Herstellern sogenanntes Hochleistungsfutter für Hunde mit erhöhtem Energiebedarf. Protein- und Fettgehalt wurden dem Energiebedarf von aktiven Hunden angepasst und fördern so die Ausdauer und Kondition. Sollte man so lange unterwegs sein, dass es unmöglich ist das ganze Futter zu tragen, empfiehlt es sich, Futterpakete vorzuschicken – beispielsweise an eine Unterkunft, in der man nächtigt.

Erste Hilfe

Wer unterwegs ist, muss damit rechnen, dass auch mal was passiert. Meist ist der Tierarzt weit weg und so muss man sich und vor allem seinem Hund erst mal selbst helfen. Einen Erste-Hilfe-Kurs für Hunde zu besuchen ist – unabhängig davon – für jeden Hundebesitzer absolut empfehlenswert. Fragen Sie Ihren Tierarzt oder andere Hundebesitzer. Die häufigsten Verletzungen passieren durch Skikanten im Winter, ansonsten sind aufgelaufene Ballen und (ab)gerissenen Krallen häufig, so Dr. Renée Haas, Tierärztin. Sie rät jedem Hundebesitzer an besonders heißen Tagen, Wege jenseits der Baumgrenze zu meiden, frühzeitig zu starten, schattige Touren zu wählen und natürlich genügend Wasser mitzuführen. Überhitzungen treten oft bei Hunden auf, so die Tierärztin. Wasser auf's Fell oder ein getränktes Handtuch lindern hier erste Beschwerden beim Patienten. Junge Hunde und Senioren bedürfen einer besonderen Rücksicht. Herzprobleme und Überlastungen können aber bei allen Hunden auftreten, die nicht ausreichend trainiert und bei denen keine Kondition aufgebaut wurde. Das Bergabgehen so Dr. Renée Haas, sei das anstrengendste für die Hunde. Schultern und Ellbogen werden hier besonders beansprucht. Aus diesem Grund sind Fernwanderungen von mehr als zwei Wochen am Stück auch zu viel für die Gelenke. Im Zeitalter von Internet und Smartphone kann auch diese tolle Seite kurzfristig helfen: www.erste-hilfe-beim-hund.de.

Erste-Hilfe-Ausstattung für Hunde

1 oder mehrere Pfotenschutzschuhe
1 Mullbinde für Druckverband
Polstermatte für die Zehen
1 Verbandpäckchen, steril
1 Fixierbinde, selbsthaftend
1 Heftpflasterrolle
Desinfektionsspray (z. B. Octenisept oder Betaisodona)
1 kleine Einwegspritze
1 Paar Latexhandschuhe
1 Maulschlaufe
Zeckenzange oder Pinzette,
Evtl. 1 Floh- und Läusekamm,
Empfehlenswert für kleine Schrammen: Sprühpflaster,
Tuch (Art Hängematte) für den Transport vom Hund

Bayerische Voralpen

Bei Föhn reicht die Sicht von München über diese ganze Region und lässt so manchem das Herz höher schlagen. Viele Gipfel zählen zu den im Volksmund so bezeichneten „Münchner Hausbergen". Genau genommen unterscheiden sich die Bayerischen Voralpen vom Alpenvorland oder den Bayerischen Alpen. Die beiden letzteren Gebiete umfassen das gesamte Alpenvorland auf bayerischem Grund sowie den gesamten Teil der Alpen mit Teilen des Wettersteins und Karwendels.

Das Gebirge der bayerischen Voralpen ist etwa 80 km lang und ca. 30 km breit. Eine genaue Abgrenzung der Touren ist jedoch schwierig und so liegt die eine oder andere Tour auf österreichischem Hoheitsgebiet oder in den Ausläufern der Voralpen bzw. in einer der benachbarten Gebirgsgruppen. Im Westen sind das die Ammergauer Alpen und das Wettersteingebirge. Im Osten die Chiemgauer Alpen und im Süden das Kaisergebirge und das Rofangebirge.

Im Westen bildet grob das Estergebirge bei Garmisch-Partenkirchen die Grenze. Der höchste Gipfel dieser Region ist der Krottenkopf mit 2086 m. Nordöstlich hiervon liegen die bekannten Gipfel von Herzogstand (1731 m) und Heimgarten mit 1790 m.

Die östliche Grenze der Bayerischen Voralpen zwischen Isar und Inn bildet das Mangfallgebirge mit den angrenzenden Teegernseer Bergen. Der höchste Gipfel in diesem Gebiet liegt auf österreichischem Grund: Das Hintere Sonnwendjoch mit 1986 m.

Pilgern ist auch in Bayern voll im Trend und erlebt seit Jahren eine wahre Renaissance. Zahlreiche Fern- und Weitwanderwege, wie die „Via Alpina", ein grenzüberschreitender Weitwanderweg mit fünf Teilwegen durch den gesamten Alpenraum, verläuft ebenso durch die Bayerischen Voralpen wie Teile des „Jakobswegs". Einer der beliebtesten Wege ist sicherlich der „Traumpfad München-Venedig". Er ist zwar kein offizieller Weitwanderweg, jedoch der mit dem größeren Bekanntheitsgrad. Egal, für welchen man sich entscheidet – im Ganzen oder nur auf einzelnen Etappen: Jeder dieser Pfade bringt Wanderer und auch Radfahrer durch eine traumhafte Landschaft.

Diese ländlich geprägte Region zählt zu einer der beliebtesten Urlaubsziele in Bayern. So ist es nicht verwunderlich, dass diese einzigartige und wunderschöne Landschaft das ganze Jahr über Touristen, Ausflügler und Einheimische anzieht.

Durch die vielseitige Moränenlandschaft eröffnen sich manchmal ungeahnte Blicke. Durchsetzt von Seen und kleinen Weihern und nicht zuletzt den Wanderbergen, die es mit Hilfe dieses kleinen Wanderführers zu erkunden gilt. Jeder Ort bietet eine Besonderheit – finden Sie's raus!

Fjord-Feeling am Heiterwanger See und Plansee

Hundefreundlichkeit: Auf dieser Tour kommt Fjord-Feeling auf! Fernab von Straßen und nur wenigen Weideflächen glitzern tief blau der Heiterwanger See und der Plansee – eingerahmt von den felsigen Gipfeln der Ammergauer Alpen. Die Strecke ist überwiegend schattig und wartet mit reichlichen Wasserzugängen auf – ideal also für die vierbeinigen Wanderbegleiter. Unzählige Buchten und kleine Strände laden zum Baden ein. Aufgepasst: Im Winter bis auf wenige Ausnahmen (Adventszeit) keine Schifffahrt.

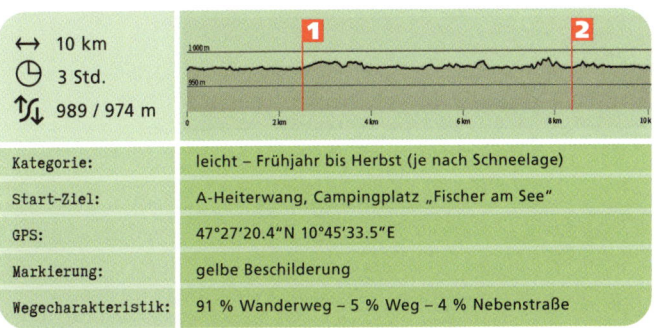

↔ 10 km

🕐 3 Std.

⤵ 989 / 974 m

Kategorie:	leicht – Frühjahr bis Herbst (je nach Schneelage)
Start-Ziel:	A-Heiterwang, Campingplatz „Fischer am See"
GPS:	47°27'20.4"N 10°45'33.5"E
Markierung:	gelbe Beschilderung
Wegecharakteristik:	91 % Wanderweg – 5 % Weg – 4 % Nebenstraße

Gestartet wird in Heiterwang beim „Fischer am See" (Restaurant, Hotel und Camping Platz). Von hier aus geht es über den Campingplatz in nördlicher Richtung über eine kleine Brücke. Ist die Brücke überquert, beginnt der Norduferweg, der für Mountainbiker gesperrt ist. In gemütlichem Auf und Ab führt der Weg an bewaldeten Hängen am Heiterwanger See entlang. Unzählige Badestellen säumen das Ufer.

Nach etwa einer Stunde erreichen wir den Kanal, der den Heiterwanger See mit dem Plansee verbindet. Hier gibt es eine Bedarfshaltestelle für den Schiffverkehr - so kann die Tour nach Belieben auch verkürzt werden. Folgt man dem Weg geradeaus, erreicht man in etwa 20 Minuten den Campingplatz „Seespitz". Wir gehen allerdings rechts über die **1** Brücke und biegen direkt dahinter an der

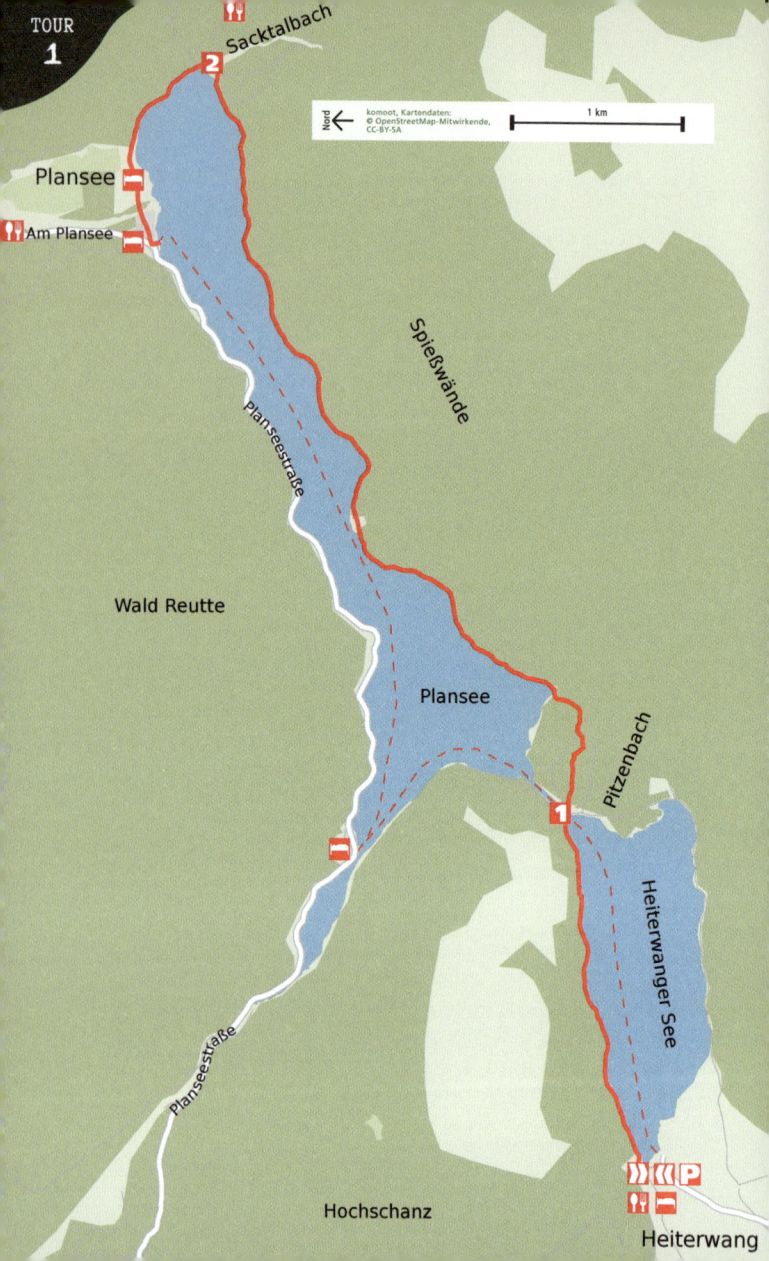

TOUR
1

Sacktalbach

2

Nord
komoot, Kartendaten:
© OpenStreetMap-Mitwirkende,
CC-BY-SA

1 km

Plansee

Am Plansee

Spießwände

Planseestraße

Wald Reutte

Plansee

Pitzenbach

1

Heiterwanger See

Planseestraße

Hochschanz

Heiterwang

Verzweigung nicht auf den Pfad, sondern auf den breiten Fahrweg links ab. Dieser Forstweg führt für etwa 20 Minuten etwas abseits des Sees durch den Wald. An einer Verzweigung halten wir uns links, um kurz darauf einem schmalen Pfad direkt am Plansee entlang zu folgen. In leichtem Auf und Ab führt der wunderschöne Panoramaweg nun für knapp 5 km über Wurzeln und durch teilweise breite Geröllfelder entlang des Sees. Am östlichen Ufer angelangt, überquert man den **2** Sacktalbach und gelangt zur einer Forststraße. Hier halten wir uns links. Bereits in Sichtweite sind der Kiosk „Seeblick" und der Campingplatz „Sennalpe". Etwas rechts oberhalb liegt die Musteralm, die eine lohnende Einkehr ist. Für die Rückfahrt mit dem Schiff geht es weiter bis zur Planseestraße und zum Hotel Forelle. Von Ende Mai bis Mitte Oktober verkehren hier regelmäßig die Schiffe, die uns zurück zum Ausgangspunkt der Tour bringen. Den Fahrplan kann man bei den Hotels einsehen oder vorab unter www.fischeramsee.at abrufen.

Hintergrund

Der Plansee ist der zweitgrößte natürliche See Tirols mit eine Fläche von knapp 3 km² und einer maximalen Tiefe von 77 m. Der Heiterwanger See ist etwa 1,4 km² groß und maximal 60 m tief, hat zwei oberirdische Zuflüsse und einen Abfluss – den 300 m langen Verbindungskanal zum Plansee. Beide Seen sind vermutlich Reste eines eiszeitlichen Schmelzwasser-Stausees.

Info

H	mit der Bahn (RB) bis Garmisch-Partenkirchen, weiter mit der R nach Heiterwang-Plansee, ab dem Bahnhof mit dem Bus bis zur Haltestelle „Heiterwang See"
P	kostenpflichtiger Parkplatz beim „Fischer am See"
Karte	Landesvermessungsamt Bayern Umgebungskarten, Topographisch 1: 50 000 UK 50-50 Werdenfelser Land, Ammergauer Alpen
Gastro	Hotel und Camping Fischer am See, Fischer a. See 1 A-6611 Heiterwang, +4356745116, hwww.fischeramsee.at
Unterkunft	Musteralpe Plansee 1 A-6600 Breitenwang Tel.: +43(0)664-4015813 www.musteralpe-plansee.at
	Hotel und Camping Fischer am See, Fischer a. See 1 A-6611 Heiterwang, +4356745116, hwww.fischeramsee.at
i	Tourismusverband Naturparkregion Reutte Untermarkt 34 A-6600 Reutte Tel. +43 (0)5672-62336 www.reutte.com
	Schifffahrt Plansee www.fischeramsee.at
+	Marianne Pietsch Tierarztpraxis am Maximiliansplatz Kaiser-Maximilian-Platz 6 87629 Füssen Tel.: 08362-39741

Badespaß am Seebensee

Hundefreundlichkeit: Die Tour ist mit teils sonnigen, teils schattigen Abschnitten gut für Hunde geeignet. Die Wege sind breit und gut ausgebaut. Mitunter kreuzen Mountainbiker den Weg. Im Bereich der Ehrwalder Alm und der Seebenalm grast Weidevieh. Eine paradiesische Erfrischung im kristallklaren Wasser des Seebensees ist die Belohnung für alle Vierbeiner.

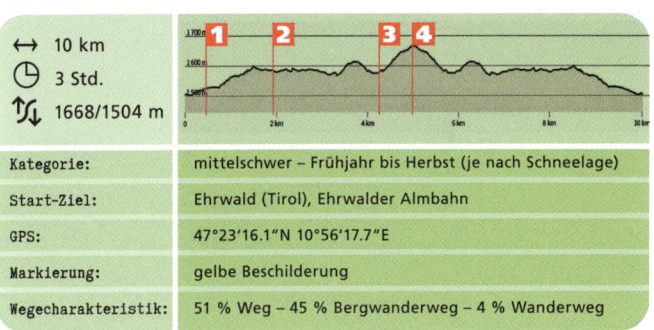

↔	10 km
⏱	3 Std.
↗↘	1668/1504 m

Kategorie:	mittelschwer – Frühjahr bis Herbst (je nach Schneelage)
Start-Ziel:	Ehrwald (Tirol), Ehrwalder Almbahn
GPS:	47°23'16.1"N 10°56'17.7"E
Markierung:	gelbe Beschilderung
Wegecharakteristik:	51 % Weg – 45 % Bergwanderweg – 4 % Wanderweg

Um zum Ausgangspunkt der Tour zu gelangen, nehmen wir die Seilbahn (für Hunde kostenfrei) und erreichen die Ehrenwalder Alm. Die großen Gasthäuser und Hütten an der Bergstation zeigen eindrucksvoll, was für ein Skizirkus hier im Winter stattfindet. Deswegen verlassen wir diese Szenerie über den Fahrweg in südöstlicher Richtung. Über die Pisten geht es vorbei am **1** Haus Alpenglühn zum spitz zulaufenden Talende (Achtung: **H** Weideflächen). Nach knapp 300 m biegt der breite Wanderweg in südwestlicher Richtung in den Wald ab. Nach einer Links-rechts-Kehre hat man den ersten Aufstieg geschafft. Nun geht es

gemächlich weiter und zur Freude für die vierbeinigen Begleiter gibt es keine großen Steigungen zu bewältigen. An einer **2** Abzweigung (Beschildert „Fußweg – für Radfahrer gesperrt") geht es links auf den schmalen Pfad in den Seebenwald hinein. Der Weg führt über Wurzeln und es geht weiterhin nur mäßig aufwärts. Immer wieder öffnet sich der Wald und der Blick auf das gewaltige Wettersteinmassiv liegt frei. Nach einer kleinen Anhöhe ist bereits die **3** Seebenalm zu sehen. Hier trifft der Fußweg wieder auf den breiten Forstweg. Diesem nach links folgen. Für die nächsten 30 Minuten geht es nun bergauf zum **4** Seebensee,

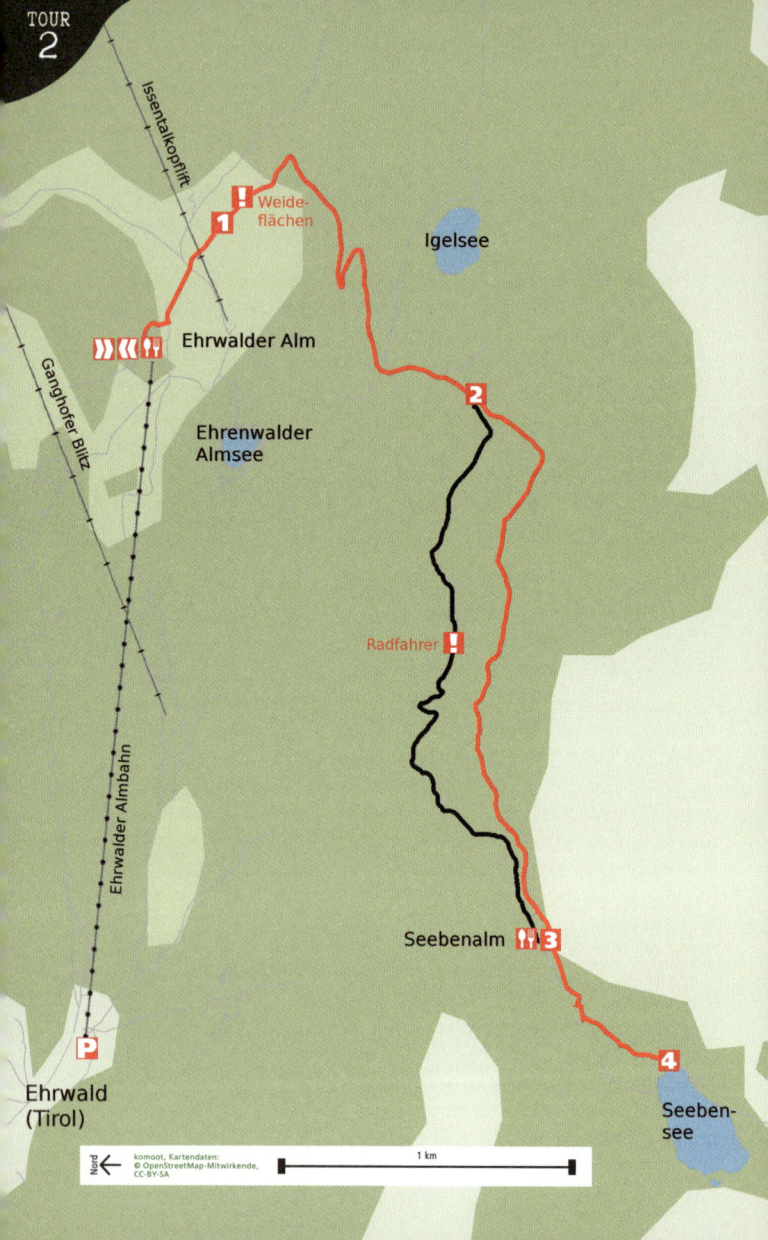

Issentalkopflift

1 Weide-
flächen

Ehrwalder Alm

Ganghofer Blitz

Ehrenwalder
Almsee

Igelsee

2

Radfahrer **!**

Ehrwalder Almbahn

P

Ehrwald
(Tirol)

Seebenalm **3**

4

Seeben-
see

Nord

1 km

Fotopoint am Seebensee

dem Ziel dieser Tour. Eine ausgiebige Rast hier oben lohnt und ein ruhiges Plätzchen findet sich immer. Die Belohnung für Vier- (und Zweibeiner): Der Sprung ins kristallklare Wasser des Seebensees. Der Abstieg erfolgt wie der Aufstieg. Alternativ kann die gesamte Strecke auf dem breiten Forstweg gewandert werden – aber Vorsicht: Hier sind ⚠️ Mountainbiker unterwegs!

Hintergrund

Der Seebensee ist ein traumhafter Gebirgssee auf über 1600 m Höhe. Oberhalb der Ehrwalder Alm in der Mieminger Gebirgskette gelegen, ist er wohl einer der schönsten Seen in der Region. Die fabelhafte Lage und das türkisfarbene Wasser machen dieses Kleinod so einzigartig, so ist es beliebtes Ziel bei Wanderern und Bikern. Der Seebensee ist umringt von der Sonnenspitze (Westen) und dem Tajakopf (Osten). Im Süden blickt man oberhalb auf die Coburger Hütte, die vor der Mieminger Kette ihren Platz gefunden hat, sowie den Drachenkopf. Richtung Norden thront majästetisch das Wettersteingebirge mit dem Zugspitzmassiv. Den Hauptgipfel bildet die Zugspitze, der höchste Berg Deutschlands.

Info

🅷 mit der Bahn (RB) über Garmisch-Partenkirchen bis Ehrwald, Tiroler Zugspitzbahn, weiter mit Sommerbus (Mai-Nov) zur Haltestelle „Ehrwalder Almbahn"

🅿 kostenfreier Parkplatz an der Ehrwalder Almbahn (Doktor-Ludwig-Ganghofer-Straße)

🗺 Landesvermessungsamt Bayern Umgebungskarten, Topographisch 1: 50 000 UK50-50 Werdenfelser Land - Ammergauer Alpen

🍽 Seebenalm
A-6632 Ehrwald,
+43 6644343277
seebenalm@gmail.com,
ca. Ende Mai - Mitte Oktober geöffnet

Ehrwalder Alm,
+43 (0) 5673 21021713
www.ehrwalderalm.at

🛏 Tannenhof
Ebne 27
A-6632 EhrwaldTirol
Tel.: +43 (0) 5673-2288
www.tannenhof-leber.com
ÜN Hund: 12 Euro/Nacht

Haus beim Kirchplatz
Kirchplatz 15
A-6632 Ehrwald
Tel.: +43 (0) 664-3253637
www.haus-beim-kirchplatz.com
ÜN Hund: 5 Euro/Nacht

ℹ️ Ehrwalder Almbahn
Obermoos
A-6632 Ehrwald
Tel.: +43 (0) 5673-2309
www.zugspitze.at

➕ Tierarztpraxis Werdenfels
Gehfeldstraße 1, 82467 Garmisch-Partenkirchen
+49 8821 58870, www.tierarztpraxis-werdenfels.de

Drei Hörnle-Gipfel auf einen Streich

Hundefreundlichkeit: Während von Bad Kohlgrub aus oft die Besucher mit der Bahn auf den Zeitberg schweben, ist man auf unserem Weg (von Süden aus) meist allein unterwegs. Dennoch sind Hunde im unteren Bereich an der Leine besser aufgehoben, da mit Weidevieh gerechnet werden muss. Natürliche Wasserstellen gibt es lediglich am Anfang und am Ende der Tour. Im oberen Teil der Tour spenden Bäume und die Gipfel meist viel Schatten.

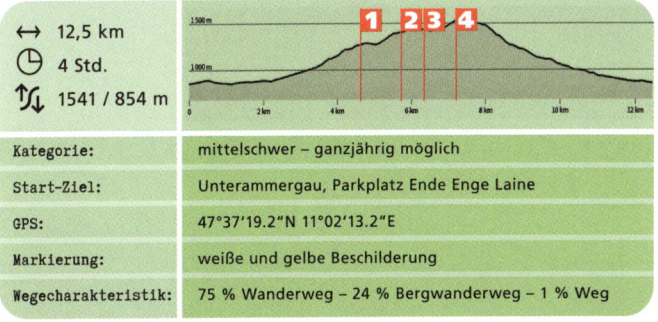

↔	12,5 km
⏱	4 Std.
↕	1541 / 854 m

Kategorie:	mittelschwer – ganzjährig möglich
Start-Ziel:	Unterammergau, Parkplatz Ende Enge Laine
GPS:	47°37'19.2"N 11°02'13.2"E
Markierung:	weiße und gelbe Beschilderung
Wegecharakteristik:	75 % Wanderweg – 24 % Bergwanderweg – 1 % Weg

Vom Parkplatz aus führt die Teerstraße gerade auf die Berge zu in Richtung Osten. Nach ungefähr 5 Minuten biegen wir links auf einen Feldweg ein, der auf eine kleine Anhöhe führt. Kurz darauf ist linker Hand die 🔴 Kapelle von Kappel zu sehen. Wir laufen weiter Richtung Norden und folgen dem Wegweiser „Ammergauer Wiesmahdweg". Hier verläuft der E4 Maximiliansweg, welcher in seiner ganzen Länge von Lindau bis nach Berchtesgaden führt und in rund 20 Tagen zu schaffen ist. Wir folgen dem idyllischen Weg entlang der Kappellaine, der einzigen Wasserquelle während des Aufstieges. Hier können Bello und Co. noch mal ordentlich Wasser „tanken". Nach einer schmalen Brücke treffen wir wieder auf eine Teerstraße, der wir folgen. Nach knapp 20 Minuten wird die Straße zum Schotterweg und führt vorbei an Weideflächen und Holzschubern, die der Heueinlagerung dienen. Der Weg verläuft flach gen Norden, bevor an der nächsten Kreuzung – nach etwa 15 Minuten – rechts abgebogen wird. Nun geht es auch langsam ans

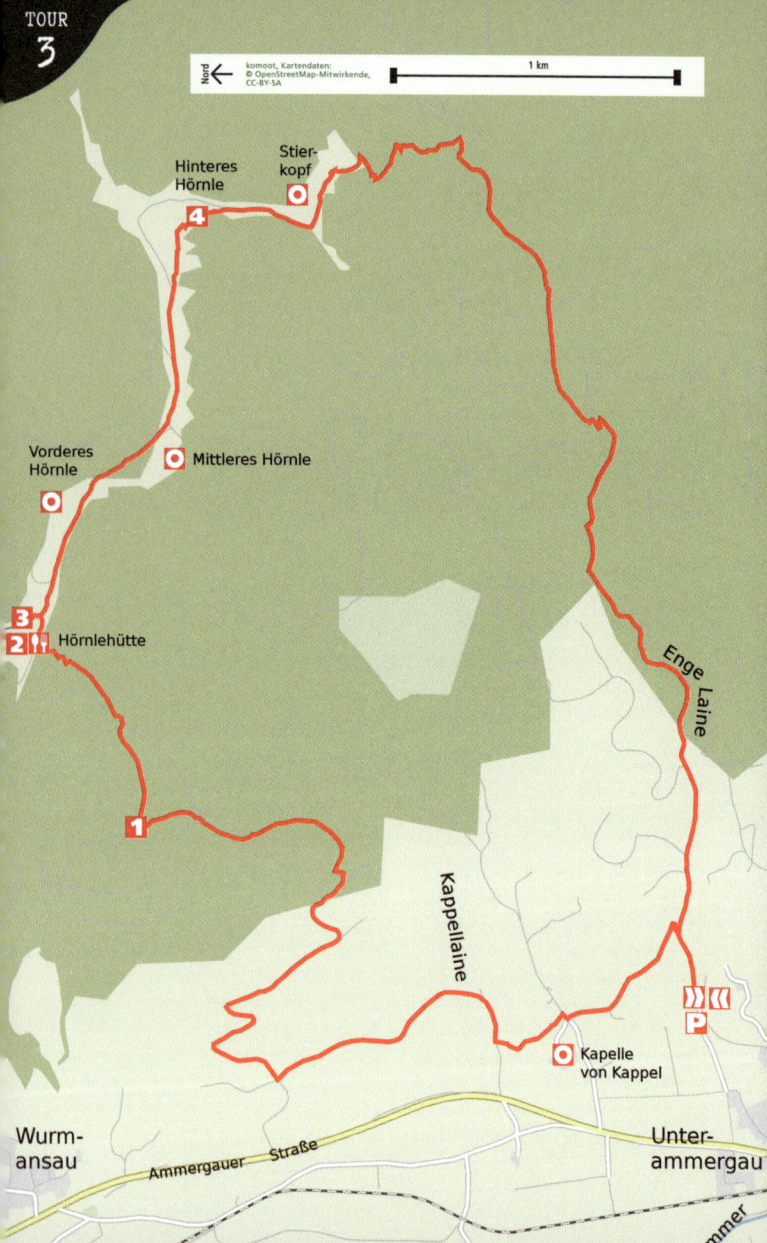

Nord

1 km

Hinteres
Hörnle

Stier-
kopf

4

Vorderes
Hörnle

Mittleres Hörnle

3
2 Hörnlehütte

1

Enge Laine

Kappellaine

Kapelle
von Kappel

P

Wurm-
ansau

Unter-
ammergau

Ammergauer Straße

Ammer

Eingemachte: Ein Schild weist den Weg zum „Hörnle" und die Straße windet sich in großen Schleifen bergauf. Nach 20 Minuten tauchen die ersten Bäume auf und es wird etwas schattiger, was an heißen Tagen nicht nur für die vierbeinigen Begleiter ein Segen ist. Der Weg wird zu einem Pfad und über Wurzeln geht es etwas steiler in den Nadelwald hinein. An der folgenden Kreuzung die Abzweigungen ignorieren und weiter geradeaus wandern. Kurz darauf erreicht der Weg eine größere **1** Graskuppe und die Hörnlehütte ist schon in Sichtweite. An schönen Tagen kann man sogar bis nach München schauen. Wir folgen dem Pfad über die Wiese bis zur Fahrstraße. Diese wird überquert und es folgt der letzte steile Anstieg vor dem verdienten Kaiserschmarrn oder anderen Leckerlis. Hinauf zur **2** Hörnlehütte geht es weiter geradeaus in den Wald hinein über einen fast schon mystischen Wurzelweg. Nach gut 20 Minuten ist die Hütte erreicht. Während die meisten Gäste von vorne mit der Seilbahn auf den Zeitberg schweben, schleichen

Ausblick auf Unterammergau und den Pürschling gegenüber

wir uns von hinten an, lassen die Hütte zunächst links liegen und nehmen den ersten „Gipfel" der drei Hörnlegipfel mit: den **3** Zeitberg. Am Gipfelkreuz laden viele Holzbänke zum Verschnaufen ein. Nun geht es zurück zur Hörnlehütte. Sie hat fast ganzjährig geöffnet und der Kaiserschmarrn ist berühmt. Außerhalb der Almsaison ist das die einzige Einkehrmöglichkeit. Von der Hütte ist im Osten schon das ⊙ Vordere und ⊙ Mittlere Hörnle zu sehen. Der Weg führt mittendurch und wir lassen diese beiden Gipfel rechts und links liegen. Entlang der Strecke

sind immer wieder Holzliegen aufgestellt, die zum Entspannen einladen. Nach etwa einer Dreiviertelstunde (ab der Hütte) ist das **4** Hintere Hörnle, unser Gipfelziel, erreicht. Es geht immer geradeaus – der Wegweiserbaum mit dem Pfeil „Hinteres Hörnle" zeigt den Weg. Vom Gipfel des Hinteren Hörnles reicht der Blick bis zur Zugspitze und bei guter Sicht auch bis nach München. Der Abstieg erfolgt südlich über einen Gratrücken bis zu einem breiten Sattel. Hier steht es uns frei, den ⊙ Stierkopf rechts zu umwandern oder zu erklimmen. Um zum

Ausgangspunkt der Tour zurück zu gelangen, folgt man dem Wegweiser 19c in Richtung Unterammergau. Der Pfad geht nun durch den Wald bis zu einer beschilderten Verzweigung. Hier halten wir uns rechts und folgen dem Weg weiter Richtung Unterammergau. Der Pfad wird nun zum Forstweg – und das steilste Stück ist geschafft! Nachdem wenige Meter später eine querführende Straße passiert ist, laufen wir weiter geradeaus und folgen dem schmalen Wanderweg in Richtung „Enge Laine Unterammergau". Auf dem romantischen Weger'l geht es entlang eines Baches abwärts. Hunde werden beim Anblick der Wasserstelle fröhlich mit dem Schwanz wedeln. Nach der Bachquerung verbreitert sich der Weg und wird letztlich wieder zur Teerstraße. Nun geht es immer geradeaus über die Wiesen, bis wir den Parkplatz erreicht haben und diese schöne Rundtour endet.

Tipp

In den Sommermonaten, wenn der Senner oben ist, gibt es auf der Hörnle Alm frische Milch von der Alm und Getränke.
Oberammergau ist nicht weit. Ein Besuch lohnt allemal, denn der Ort ist berühmt für seine Lüftlmalereien, die Passionsspiele und die Holzschnitzereien.

Info

🅷	mit der Bahn (RB) bis Unterammergau, vom Bahnhof weiter in nord-östlicher Richtung zum Einstieg der Wanderung (ca. 20 Minuten)
🅿	kostenloser Parkplatz an der Engen Laine
🗺	Landesvermessungsamt Bayern Umgebungskarten Topographisch 1: 50 000 UK 50-50 Werdenfelser Land - Ammergauer Alpen
🍴	Hörnlehütte Am Hörnle 1 82433 Bad Kohlgrub Tel.: Hütte 08845-229

Ammergauer Maxbräu Ettaler Str. 5 82487 Oberammergau www.ammergauer-maxbraeu.de 088229487460 |
▬	Hundesport Hotel Wolf Dorfstraße 1 82487 Oberammergau Tel.: 08822-92330 www.hotel-wolf.de Hunde sind hier sehr willkommen und übernachten kostenfrei
ℹ	Ammergauer Alpen Eugen-Papst-Straße 9a 82487 Oberammergau Tel.: 08822-922740 www.ammergauer-alpen.de/unterammergau
✚	Josef Köpf Tierarzt, Koenig-Ludwig-Straße 5 82487 Oberammergau 08822 233

Heilquelle und Schatzberg

Hundefreundlichkeit: Größtenteils schattige Voralpenwanderung, die durch einen schönen Laubwald führt. Zwar gibt es direkt an der Strecke keine Bademöglichkeit, dafür sorgen einige kleine Wasserstellen für die notwendige Erfrischung der treuen Begleiter. Die Wege sind schön ausgebaut und bis auf eventuelle landwirtschaftliche Fahrzeuge gibt es keine Autos weit und breit. Temperamentvolle Hunde sollten an den Weideflächen und bei den Galloway-Rindern an der kurzen Leine gehalten werden.

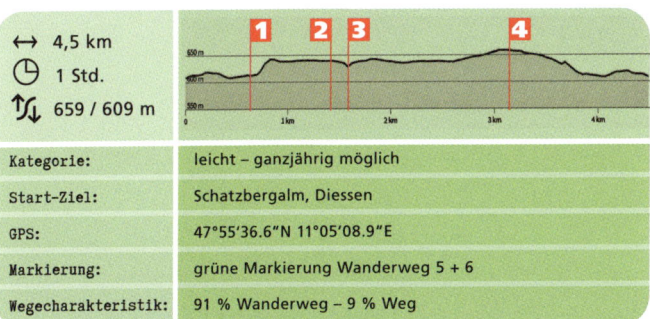

↔ 4,5 km
🕐 1 Std.
⇅ 659 / 609 m

Kategorie:	leicht – ganzjährig möglich
Start-Ziel:	Schatzbergalm, Diessen
GPS:	47°55'36.6"N 11°05'08.9"E
Markierung:	grüne Markierung Wanderweg 5 + 6
Wegecharakteristik:	91 % Wanderweg – 9 % Weg

Vom Parkplatz an der Schatzbergalm geht es dem Wegweiser 5 + 6 folgend in den schattigen Wald hinein. Nach etwa fünf Minuten gelangen wir auf die Forststraße. In leichtem Auf und Ab geht es vorbei an einer Koppel mit Galloway-Rindern. Bereits nach weiteren 15 Minuten ist der **1** Holzlehrplatz erreicht – eine von insgesamt 15 Stationen, an denen man viele interessante Informationen über den Wald, seine Nutzung sowie dessen Bewohner erhält. Nach dem Kurzstudium halten wir uns links und folgen weiter

dem Weg 5 + 6. Nach etwas mehr als 500 m ist die kleine **2** Burgkapelle erreicht. Hier lichtet sich der Wald zu unserer Linken. Ein kurzer Abstecher rechts hinunter zur **3** Mechtildsquelle ist empfehlenswert. Die heilige Mechthild, die Namensgeberin der Quelle, soll hier oft gewesen sein. Den Erzählungen nach, hat sie hier durch Handauflegen Kranke geheilt, Stummen die Sprache und Blinden das Augenlicht wiedergegeben. Das Wasser der Quelle hat demnach eine heilende Wirkung. Welche Wunder es wohl bei

Burgbergstraße

3 Mechtildisquelle

Burgkapelle **2**

Lehrpfad

! Weideflächen

1

Rutschgefahr **!**

! Rinder (eingezäu

Lehrpfad

4

Schatzberg

Ziegelstadl

Nord

500 m

Die Schatzbergalm

vierbeinigen Wanderern auslöst? Zurück an der Kapelle geht es weiter in
Richtung Schatzberg. Dazu folgen wir
weiter dem Rundweg 5 + 6, der uns
entlang des Waldrandes in Richtung
Süden führt. Über Wiesen und vorbei
an  Weideflächen und Pferdekop-
peln erreichen wir nach knapp 800 m
eine Teerstraße, an der wir links abbiegen. Der Blick reicht von hier an

schönen Tagen bis in die Berge. An
der nächsten Kreuzung – hier gibt es
sogar eine Tütenstation – halten wir
uns links (Wegweiser Rundweg 5) und
wandern bis zum Waldrand. Hinter der
kleinen Schutzhütte geht es links in
den Wald hinein. Im schönen Laubwald erreichen wir nach etwa 300 m
eine T-Kreuzung. Hier folgen wir erneut dem Wegweiser Rundweg 5 + 6

Blick nach Diessen und zum Ammersee

nach rechts und „erklimmen" den Berg. Nach wenigen Minuten ist der Gipfel des **4** Schatzberges erreicht. Bänke und ein kleiner Unterstand laden zum Pausieren ein. Eine Tafel hilft beim Benennen der Alpengipfel. Nach der Rast geht es weiter den schmalen Pfad geradeaus über den Bergrücken. Es folgt ein kurzer, teilweise rutschiger **!** Zick-Zack-Weg. Haben die zwei- und vierbeinigen Wanderer dieses Hindernis gepackt, trifft man wenig später auf eine T-Kreuzung. Hier rechts halten und auf bekanntem Weg zurück zur Schatzbergalm.

Hintergrund

Der komplette Burgwald-Lehrpfad beginnt in Diessen (Ortsteil St. Georg). Auf dem Pfad erfährt man Wissenswertes zum Thema Wald und deren Bewohnern. 15 Stationen informieren über Waldverjüngung, die Lebensgemeinschaft Wald, Waldameisen oder moderne Waldpflege.

Tipp

Lohnenswert ist eine Erfrischung im Ammersee. Doch nicht überall ist das Baden mit Hund erlaubt. Es gibt ausgewiesene Stellen und Strände, wo der Hund mit ins Wasser darf – z. B. südlich des Campingplatzes St. Alban – fast schon auf der Höhe des Bahnhofs Dießen.

Info

H mit der Bahn (RB) bis Diessen, ab Bahnhof 4 km Fußweg in süd-westlicher Richtung zur Schatzbergalm

P kostenfreier Parkplatz an der Schatzbergalm

Landesvermessungsamt Bayern Umgebungskarten, Topographisch 1: 50 000 UK50-41 Ammersee – Starnberger See – München Süd

Schatzbergalm
Ziegelstadel 11
86911 Diessen -
St. Georgen
Tel.: 08807-6780
www.schatzbergalm.de

Café Sixt
Bahnhofstraße 10
86911 Dießen am Ammersee
Tel.: 08807-331
www.diegoldammer.de

Gasthof zur Post
Floßmannstraße 9
82399 Raisting
Tel.: 08807-92240
www.post-raisting.de
ÜN Hund: 5 Euro/Nacht

Markt Diessen
Marktplatz 1
86911 Diessen
Tel.: 08807-92940
www.diessen.de

Michael Rattenhuber
Fritz-Winter-Straße 32a
86911 Dießen
Tel.: 08807-9009200
www.kleintierpraxis-rattenhuber.de

In Polling auf den Spuren von Thomas Mann

Hundefreundlichkeit: Diese kleine, aber feine, nicht sehr anstrengende Rundtour ist für Hunde mühelos zu bewältigen. Im Sommer kann es zwar mitunter sehr sonnig werden, allerdings befinden sich zu Beginn und am Ende der Tour genug Wasserstellen. Der Badeteich ist leider für Hunde gesperrt. Für ein kurzes Stück geht es entlang einer Straße – ansonsten warten saftige Wiesen und schöne Pfade. Der Biergarten am Ende der Tour lädt Zwei- und Vierbeiner unter alten Kastanien zum Relaxen ein.

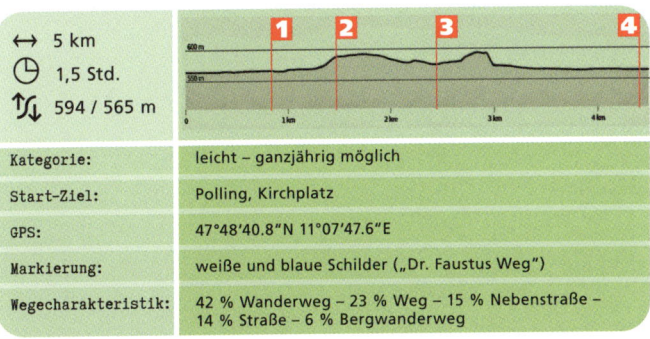

↔ 5 km	
🕐 1,5 Std.	
↕ 594 / 565 m	

Kategorie:	leicht – ganzjährig möglich
Start-Ziel:	Polling, Kirchplatz
GPS:	47°48'40.8"N 11°07'47.6"E
Markierung:	weiße und blaue Schilder („Dr. Faustus Weg")
Wegecharakteristik:	42 % Wanderweg – 23 % Weg – 15 % Nebenstraße – 14 % Straße – 6 % Bergwanderweg

Die Tour startet am eindrucksvollen Kloster von Polling, einem ehemaligen Benediktinerkloster. Vom Parkplatz aus geht es zunächst zum Kirchplatz. Hier bringen die ersten vier von insgesamt 13 Tafeln dem Wandersvolk alles Wichtige zu Thomas Manns Roman „Dr. Faustus" näher. Hat man das prachtvolle Klosterensemble erkundet, beginnt auf dem Doktor-Faustus-Weg unser historisch-literarischer Rundweg. Dazu folgen wir dem Bächlein für wenige Meter Richtung Norden. An der T-Kreuzung halten wir uns links und biegen auf den Gehweg der Tassilostraße ein. Haben wir die ersten Häuser erreicht, halten wir uns an der Bahnhofstraße rechts und folgen dem Gehweg bis zum **1** Bahnübergang. An der Tütenstation vorbei, geht es nach wenigen Metern links auf einen Feldweg. Nach nur fünf Minuten biegen wir scharf rechts ab und

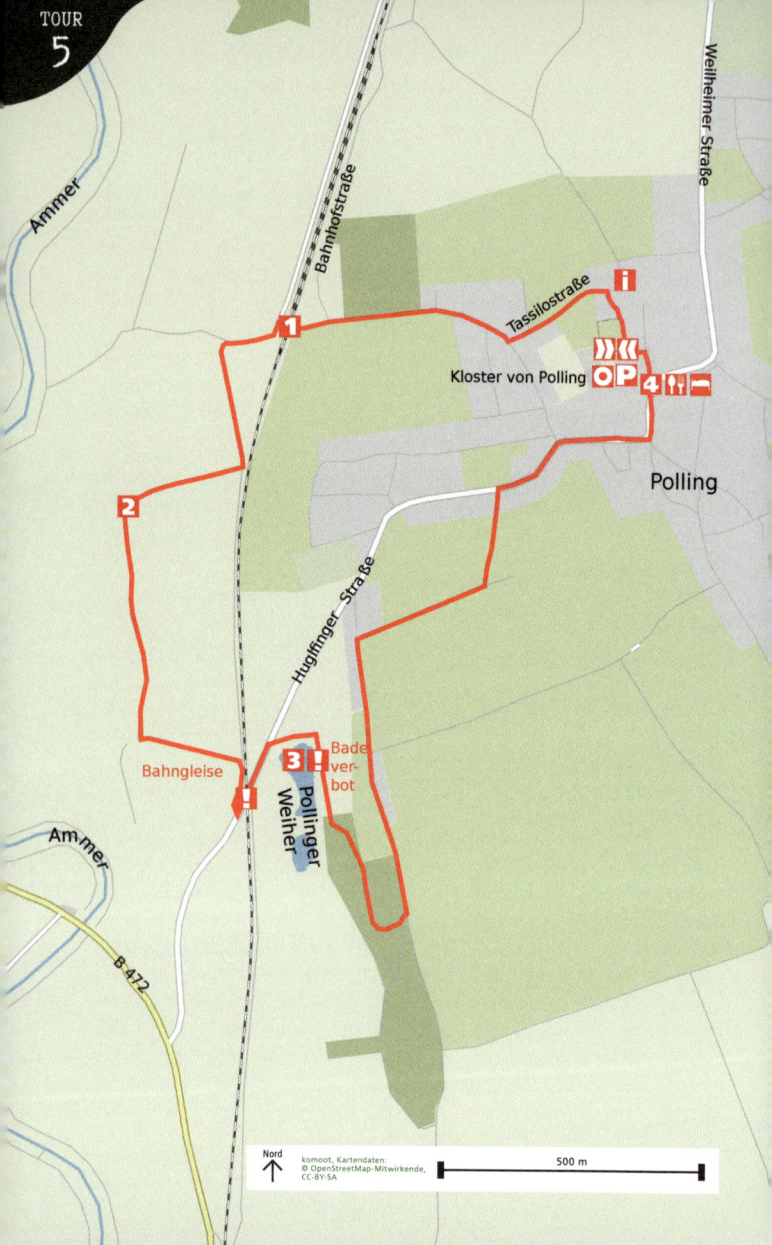

Ammer

Bahnhofstraße

Weilheimer Straße

1

Tassilostraße

i

Kloster von Polling

O P **4**

2

Polling

Huglfinger Straße

Bahngleise

3 Bade verbot

Pollinger Weiher

Ammer

B 472

Der Weg ist stets gut ausgeschildert

wandern den **2** Hügel auf einem schwer zu erkennenden Graspfad hinauf, wo die sechste Tafel bereits auf uns wartet. Oben angekommen, halten wir uns vor dem Gebüsch scharf links. Hier, bei den Skulpturen auf dem Ammerberg, lässt sich der Ausblick in Verbindung mit einer kleinen Pause genießen. Der Weg führt weiter Richtung Süden an einem Marterl mit Bank vorbei bis zu einer T-Kreuzung. Hier halten wir uns links und laufen weiter bis zu den **!** Bahngleisen. Hunde sollten aus Sicherheitsgründen wieder angeleint werden. Wir folgen den Gleisen nach rechts und erreichen nach wenigen Metern

die Hauptstraße mit Tafel Nummer sieben. Nun geht es für etwa 200 m an der Hauptstraße Richtung Nordosten weiter, bevor ein Weg nach rechts zum **3** Pollinger Weiher führt. Obwohl es sich um einen Badeweiher handelt, besteht leider für Vierbeiner **!** Badeverbot. Wir umwandern den Weiher und passieren dabei die Tafeln acht und neun. Leicht bergauf geht es in den Wald bis zur Tafel zehn. Hinter der Tafel macht der Weg eine Spitzkehre und mündet auf einen Teerweg. Hier gibt es wieder eine Tütenstation. Wir folgen dem Weg in Richtung Norden und erreichen nach gut zehn Minuten eine Kreuzung, an

SCHÜTZE
UNSERE
HEIMAT

1919 TRACHTEN
VEREIN
D'AMMERBERGLER
POLING 1994
ERRICHTET

der rechts abgebogen wird. An Tafel Nummer elf gibt es erneut eine Tütenstation. Hier halten wir uns links und laufen weiter in Richtung Polling. An den Häusern angekommen – Hunde wieder an die Leine – geht es weiter bis zur Huglfinger Straße, der wir nach rechts folgen. Am Tiefenbach angelangt, geht es nach links zurück zur Kirche. Rechter Hand lohnt die Einkehr in die alte **4** Klosterwirtschaft, die mit einem wunderschönen Biergarten aufwartet. Zurück zum Ausgangspunkt geht es über die Straße durch den Torbogen.

Hintergrund

2007 hat die Gemeinde Polling den Doktor-Faustus-Weg errichtet und mit 13 Tafeln versehen, die über Thomas Mann und seinen Roman informieren. Der landschaftlich reizvolle Rundweg soll zum Nachempfinden dieses großen deutschen Dichterwerkes als unterhaltsame Erholung in einer intakten Kulturlandschaft anregen.

Tipp

Sehenswert ist der Hohe Peißenberg ganz in der Nähe, eine markante Erhebung im Bayerischen Alpenvorland. Auf ihm thront das Meteorologisches Observatorium, die älteste Bergwetterwarte der Welt.

Info

H mit der Bahn (RB) bis Weilheim, weiter mit Bus 9656 Richtung Peißenberg bis Haltestelle „Hofmarkstraße" in Polling

P kostenfreier Parkplatz hinter dem Kirchplatz

Landesvermessungsamt Bayern Umgebungskarten, Topographisch 1: 50 000 UK50-49 Pfaffenwinkel - Ammergauer Alpen (Nord)

Klosterwirt Polling, Weilheimer Str. 12 82398 Polling klosterwirtpolling.de 0881-12232998

Klosterwirt Polling, Weilheimer Str. 12 82398 Polling klosterwirtpolling.de 0881-12232998

i Gemeinde Polling Kirchplatz 11 82398 Polling Tel.: 0881-9390-0 www.polling.de

Tierklinik Weilheim Am Weidenbach 5b 82362 Weilheim Tel.: 0881-7819 (auch Notruf) www.tierklinik-weilheim.de

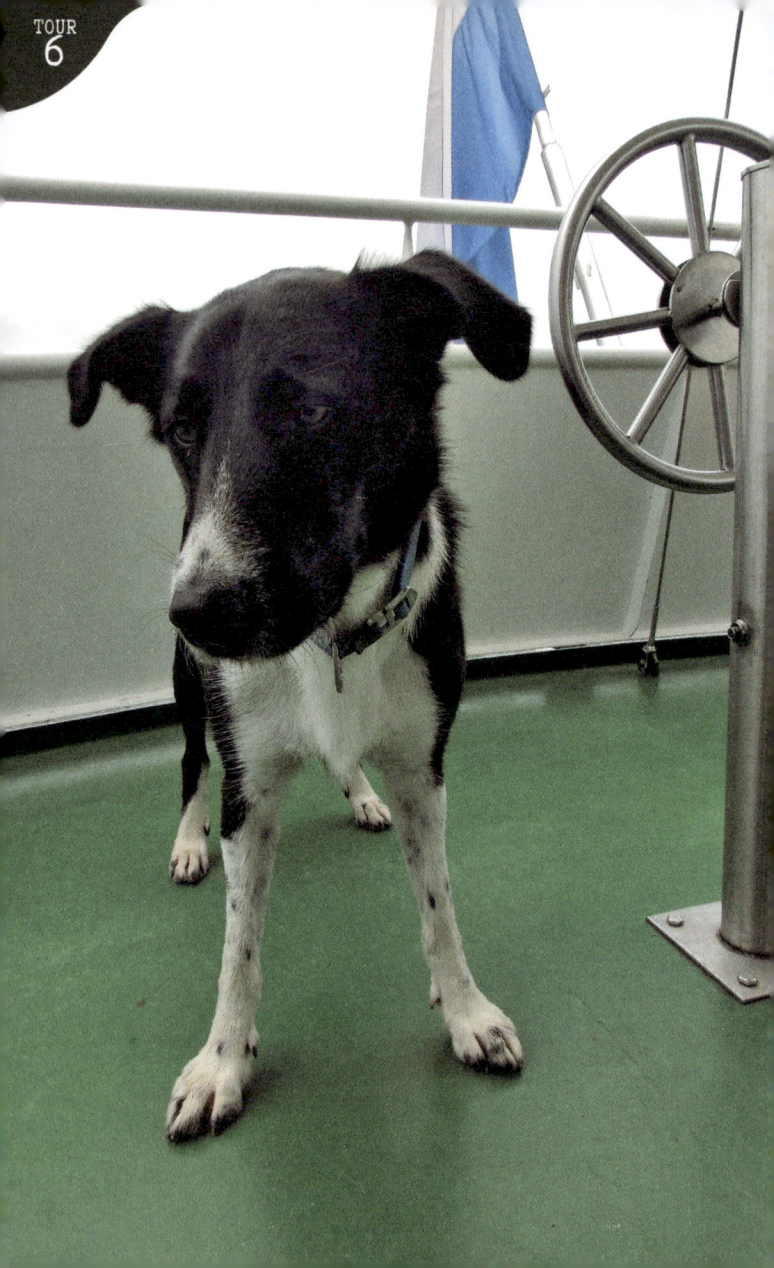

Per Fuß und Schiff um den Staffelsee

Hundefreundlichkeit: Das Highlight für alle Hunde ist mit Sicherheit der Staffelsee selbst. Hier bieten sich immer wieder Stellen für kleine Badepausen. Ansonsten ist es zu Beginn der Tour überwiegend schattig, im Moor jedoch mitunter sehr sonnig. Es gibt wenig Weideflächen auf der Runde, jedoch muss immer mal wieder mit Radlern gerechnet werden.

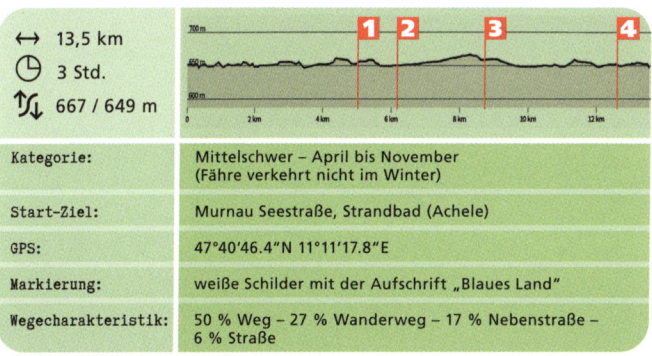

↔	13,5 km
⏱	3 Std.
↕	667 / 649 m

Kategorie:	Mittelschwer – April bis November (Fähre verkehrt nicht im Winter)
Start-Ziel:	Murnau Seestraße, Strandbad (Achele)
GPS:	47°40'46.4"N 11°11'17.8"E
Markierung:	weiße Schilder mit der Aufschrift „Blaues Land"
Wegecharakteristik:	50 % Weg – 27 % Wanderweg – 17 % Nebenstraße – 6 % Straße

Wir starten am Parkplatz des Strandbads und laufen zunächst am Kiosk links vorbei. Schon bald liegen die letzten Häuser und die Teerstraße hinter uns und der See ist rechter Hand zum Greifen nah. Hier besteht **!** Leinenpflicht. Vorbei an einer Tütenstation führt der Weg immer geradeaus Richtung Westen – der Staffelsee ist stets an unserer Rechten. Nach etwa einer Stunde verlassen wir den See fürs Erste. Die sogenannte **1** Obersee – Mooslandschaft und Naturschutzgebiet – beginnt. Hier leben allerlei seltene Pflanzen- und Tierarten. Das Baden ist daher untersagt und es besteht **!** Leinenpflicht. Weiter den schmalen Weg entlang, wird der Wald lichter und das Schilf nimmt zu. Dank der guten Beschilderung kann man sich nicht verirren. An der T-Kreuzung angekommen, halten wir uns rechts Richtung Uffing. Wenig später erreichen wir eine **2** Abkürzung, die allerdings nur im Spätherbst und Winter genommen werden kann. Ein

Murnau am
Staffelsee

Uffinger Straße

Buchau

Leinenpflicht

Wörth

5

4

Uffing am
Staffelsee

Staffelsee

Harberger Straße

3

2

1

Nord

1 km

Die Wiesen im Moor sind vielfältig

kaum zu erkennender Pfad führt nach rechts über die Wiesen und entlang des Staffelsees. Achtung: Wer diese Tour zwischen 1. März und 15. Oktober läuft, muss das Schutzgebiet in einem weiten Bogen umwandern. Dazu an der folgenden T-Kreuzung rechts auf den Fußweg der nach Nordosten führenden Teerstraße. Nach etwa 1,7 km biegen wir an der **3** alten Eiche scharf rechts ab. Hier gibt eine Infotafel Auskunft über die Besonderheiten

Immer wieder: Unzählige Ausblicke auf den See

des Staffelsees. Am Ende der Teerstraße halten wir uns an der zweiten Möglichkeit links (Wegweiser) und wandern weiter über die Moorwiesen. Der Staffelsee hat uns wieder! Die vierbeinigen Begleiter werden mit großer Sicherheit die wunderbare Aussicht auf die Berge entlang des nördlichen Ufers ignorieren. Einer kurzen Badepause steht hingegen nichts im Wege. Die letzte Etappe des Wegs ist nicht zu verfehlen: Vorbei am Campingplatz Aichalehof (ab hier wieder 🚫 Autos) geht es weiter bis zum 4 Gemeindebad Uffing. Direkt nach dem Bad halten wir uns rechts und wechseln dann gleich wieder links auf den Fußweg. Rechts ist bereits die Anlegestelle zu sehen. An der Kirchbergstraße biegen wir wieder rechts ab und erreichen nach wenigen Metern das 5 Seerestaurant Alpenblick. Die Anlegestelle befindet sich direkt im Biergarten, der den Namen Alpenblick durchaus verdient hat. Nach einer Stärkung bringt uns das Schiff „Seehausen" gemütlich zurück nach Achele zu unserem Ausgangspunkt.

Tipp

Diese (halbe) Runde um den Staffelsee ist auch gut mit dem Rad'l zu machen. Man bedenke aber, einen Anhänger oder Korb für den Hund mitzunehmen. Auch gibt es die Möglichkeit, den See komplett zu umrunden. Das sind dann allerdings 21 km. Schifffahrt vom 1. April bis 1. November. Genauer Fahrplan und weitere Infos unter www.staffelsee.org

Info

🅷 mit der Bahn (RB) bis Murnau, ab Bahnhof ca. 10 Minuten Fußweg zum Strandbad Murnau

Schifffahrt von April – November, Fahrplan und weitere Infos unter www.staffelsee.org

🅿 Parkplatz Strandbad Murnau (Seestraße)

Landesvermessungsamt Bayern Umgebungskarten, Topographisch 1: 50 000 UK 50-51 Karwendel

🍴 Gasthaus Alpenblick Kirchtalstraße 30 82449 Uffing am Staffelsee Tel.: 08846-9300 www.seerestaurant-alpenblick.de ganzjährig geöffnet Do. Ruhetag (Oktober – Mai)

Gasthof Zum Stern - Seehausen am Staffelsee Dorfstraße 2, 82418 Seehausen am Staffelsee 088413304 www.stern-seehausen.de

⛔ Gasthof Zum Stern - Seehausen am Staffelsee Dorfstraße 2, 82418 Seehausen am Staffelsee 088413304 www.stern-seehausen.de

ℹ️ Tourist-Information Murnau Kohlgruber Straße 1 82418 Murnau Tel.: 08841-61410 www.murnau.de

✚ Falk Rudolph Bahnhofstraße 12 82418 Murnau Tel.: 08841-1363 Notruf: 0151-17295122 www.tierarzt-lux.de

Hinauf zum Laber

Hundefreundlichkeit: Schatten und Sonne wechseln sich auf dieser Route genauso ab wie die Landschaft und der Weg. Am Einstieg der Tour ist insbesondere im Sommer auf Weidevieh aufzupassen. Auch rund um den Soilasee und Soila-Alm gibt es Weidevieh. In höheren Gefilden leben mitunter Gämse. Der Soilasee dient als Tränke für die Fellnasen.

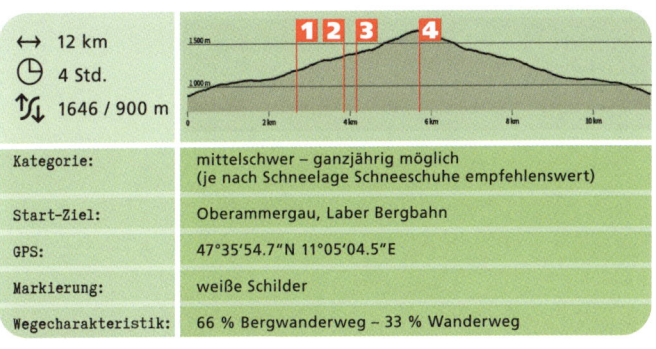

↔	12 km
⏱	4 Std.
⭧⭨	1646 / 900 m

Kategorie:	mittelschwer – ganzjährig möglich (je nach Schneelage Schneeschuhe empfehlenswert)
Start-Ziel:	Oberammergau, Laber Bergbahn
GPS:	47°35'54.7"N 11°05'04.5"E
Markierung:	weiße Schilder
Wegecharakteristik:	66 % Bergwanderweg – 33 % Wanderweg

Diese Wanderung ist so schön wie vielseitig: Es besteht die Möglichkeit, eine Strecke mit der Laber Bergbahn zu bestreiten. Der Start der Tour beginnt direkt hinter der Talstation der Laber-Bergbahn. Die Wege hier sind sehr gut befestigt und beschildert. Durch ein Drehkreuz und vorbei an Weidevieh, das im Sommer grast, steigt der Weg mäßig steil in Zick-Zack bergauf. Nach etwa 15 Minuten mündet der Pfad in eine Fahrstraße, der wir nach links folgen. Für die nächsten gut 20 Minuten bleibt Zeit zum Luftholen, denn der Weg ist recht flach. Wir verlassen die Forststraße und biegen leicht nach rechts, dem Wegweiser folgend, in den Wald ein. Nach ungefähr 10 Minuten ist eine **1** „Bushaltestelle" erreicht – einem Unterstand an einer großen Lichtung. Hier geht es erneut leicht nach rechts und man folgt dem Wanderweg bzw. dem gespurten Pfad. Nach ein paar Minuten mündet der Weg wieder auf die Straße, der Hund und Halter nach Richtung Süden folgen. Schon bald ist die **2** Soila-Alm auf einer Lichtung zur linken in Sicht. Über der Alm thront das Ettaler Mandl. Der Wanderweg führt rechts an der Alm vorbei

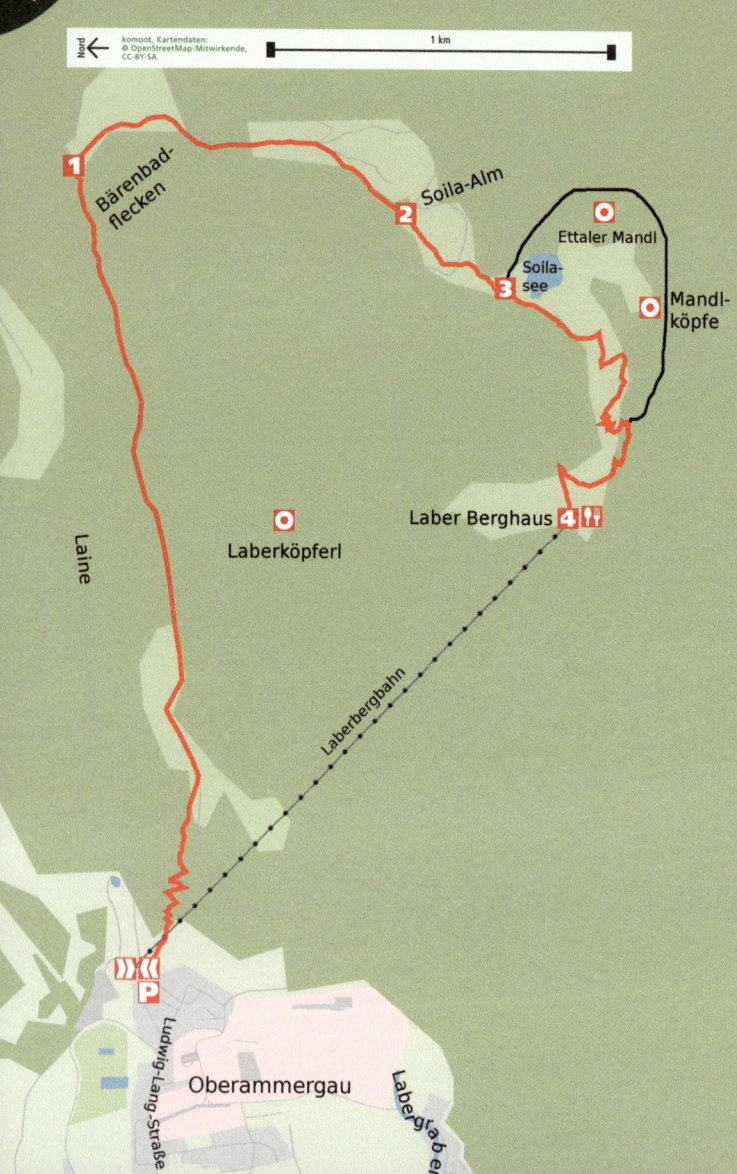

TOUR 7

Nord

1 km

1 Bärenbad-flecken

2 Soila-Alm

Ettaler Mandl

3 Soila-see

Mandl-köpfe

Laberköpferl

Laber Berghaus **4**

Laberbergbahn

Laine

Ludwig-Lang-Straße

Labegraben

Oberammergau

Trotz Altschnee ist der Weg gut zu begehen

und geht als schöner und schmaler Pfad mäßig steil am Waldrand entlang Richtung Südwesten. An dem nächsten **3** Wegweiser muss man sich entscheiden: Links um das Ettaler Mandl (für Hunde nur bedingt empfehlenswert, da der Pfad sehr schmal ist und sowohl von Hund und Halter trittsicher sein müssen) oder rechts weiter – am Soilasee vorbei – zum Laber. Folgen wir dem Weg zum Laber, wird es hinter dem See etwas steiler. Im gleichmäßigen Zick-Zack geht es Richtung Felswand. Auf dem Bergrücken angekommen, treffen sich die beiden Wege wieder und das Laber Gipfelhaus ist schon in Sichtweite. Der Weg ist nun nicht mehr zu verfehlen und nach weiteren 15 Minuten stehen wir auf der **4** Terrasse der Laber-Bergbahn und genießen die wunderbare Aussicht nach Garmisch und sogar bis zur Zugspitze. In Richtung Norden reicht der Blick bei schönem Wetter über das Ammergauer Gebirge bis ins Alpenvorland. Rückweg wie Aufstieg oder mit der Laber-Bergbahn.

Oberhalb des Soilasees wird's steil und schattig. Der Schnee bleibt hier oft lange liegen

Dunkle Wolken tun dem
Ausblick keinen Abbruch

Tipp

Bei dieser Wanderung kann der Auf-
oder Abstieg mit der Laber-Bergbahn
erfolgen. Preise und Fahrzeiten mit
der kleinen und kultigen Bahn findet
man unter www.laber-bergbahn.de
Wieder unten in Oberammergau an-
angekommen, loht sich ein Stadtbum-
mel. Der Ort ist berühmt für seine
Lüftlmalereien, die Passionsspiele und
die Holzschnitzereien. Als besonde-
rer Tipp unter Hundebesitzern gilt das
Hotel Wolf. Mitten im Ort gelegen ist
das Hundesport Hotel seit vielen Jahren weit über die Grenzen hinaus bekannt für seine Seminare.

Info

H mit der Bahn (RB) bis
Oberammergau, vom Bahnhof
ca. 30 Minuten zu Fuß bis
zur Laber Bergbahn

P kostenfreier Parkplatz an
der Laber Bergbahn

🗺 Landesvermessungsamt Bayern
Umgebungskarten,
Topographisch 1: 50 000
UK 50-49 Pfaffenwinkel
– Ammergauer Alpen

🍴 Bergstation Laber Berghaus
Tel.: 08822-4280
www.laber-bergbahn.de

🏨 Hundesporthotel Wolf
Dorfstraße 1
82487 Oberammergau
Tel.: 08822-92330
www.hotel-wolf.de
Hunde sind sehr willkommen
und übernachten kostenfrei

i Ammergauer Alpen
Eugen-Papst-Straße 9a
82487 Oberammergau
Tel.: 08822-922740
www.ammergauer-alpen.de

Laber Bergbahn
Ludwig-Lang-Straße 59
82487 Oberammergau
www.laber-bergbahn.de

✚ Josef Köpf
Tierarztpraxis
König-Ludwig-Straße 5
82487 Oberammergau
Tel.: 08822-233
Mobil: 0171-4049354

Hoch über Garmisch-Partenkirchen auf den Wank

Hundefreundlichkeit: Auf dieser Tour gibt es nur wenig schattenspendende Plätzchen. Da es keine natürlichen Wasserstellen entlang des Weges gibt, bitte genug Wasser für die Fellnasen dabei haben. Trotz des touristischen Trubels gibt es auf der Tour genügend abgelegene Stellen für ein Picknick. Am Ein- und Ausstieg der Wankbahn müssen Gitterroststufen bewältigt werden.

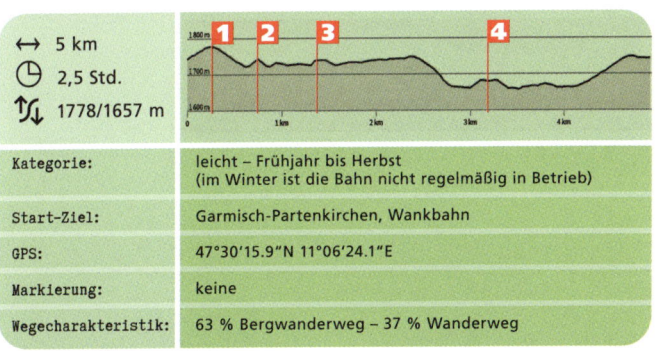

↔	5 km
⏱	2,5 Std.
↕	1778/1657 m

Kategorie:	leicht – Frühjahr bis Herbst (im Winter ist die Bahn nicht regelmäßig in Betrieb)
Start-Ziel:	Garmisch-Partenkirchen, Wankbahn
GPS:	47°30'15.9"N 11°06'24.1"E
Markierung:	keine
Wegecharakteristik:	63 % Bergwanderweg – 37 % Wanderweg

Die Wankbahn bringt Hund und Halter gemütlich in knapp 20 Minuten zum Ausgangspunkt der Tour: der Wankbahn Bergstation. Der Ausblick ist bereits aus der Gondel nach wenigen Metern fantastisch und wird mit jedem Höhenmeter noch besser. An der Bergstation führt der Weg links neben der Eisentreppe zum Startplatz der Paraglider und Drachenflieger. Weiter geht es am Strandkorb vorbei bis zum Wankhaus. Nur wenige Meter hinter dem Wankhaus liegt bereits der **1** Wank-Gipfel mit seinem prächtigen Gipfelkreuz auf 1780 m Höhe. Einzig die großen Funkmasten stören das Ambiente. Weiter geht es leicht bergab in nordwestlicher Richtung zum nächsten Gipfel: dem **2** Eckenberg. An der Wegkreuzung nach etwa 300 m biegen wir links ab und nach einem kleinen Aufstieg ist auch der nächste Gipfel mit 1749 m bezwungen. Von hier aus geht es wieder zurück bis zum

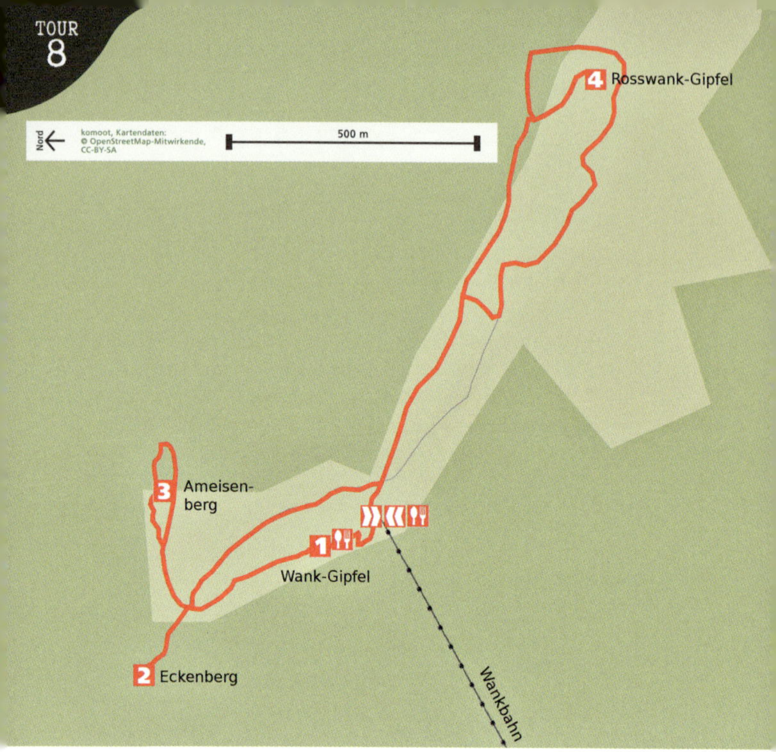

Nord ←

komoot, Kartendaten:
© OpenStreetMap-Mitwirkende,
CC-BY-SA

500 m

4 Rosswank-Gipfel

3 Ameisen-
berg

1

Wank-Gipfel

2 Eckenberg

Wankbahn

Abzweig an dem kleinen Unterstand.
Nun halten wir uns links und wandern
über den Grat um den sogenannten
3 Ameisenberg. Ob rechts oder links
herum, ist hierbei egal. Auch wenn gerade im Sommer die Besucher hier wie
die Ameisen unterwegs sind, findet
trotzdem jeder sein Banker'l oder eine
Liege zum Sonnen und Träumen. Der
Weg ist gut ausgebaut und nicht zu
verfehlen. Anschließend machen wir
uns auf den Weg zum dritten Gipfel: den Rosswank. Dazu geht es in
einer großen Linksschleife unterhalb
des Wankgipfels zurück. Hat man die
Bergstation erreicht, wandern Zwei-
und Vierbeiner gemütlich in südöstlicher Richtung zum 1688 m hohen **4**
Rosswank-Gipfel. Dieser Abstecher inklusive „Gipfelbesteigung" schaffen
Hunde samt Herrchen und Frauchen
in einer guten Stunde. Unterhalb des
Rosswank-Gipfels wandern wir zurück
in Richtung Wankbahn, die uns zurück
ins Tal bringt.

Tipp

Diese Mini-Runde ist von Mitte April
bis zum Wintereinbruch zu empfehlen, da die Bahn im Winter unregel-
mäßig fährt (je nach Schneelage). Wer
sich und seinen Hund richtig auspowern möchte, verzichtet komplett auf
die Wankbahn und läuft die gesamte
Strecke. Der Weg ist jederzeit gut ausgeschildert. Der sonnenseitige Aufstieg auf den Wank ist bei geringer
Schneelage auch als Winterwande-
rung zu machen.

Info

H	mit der Bahn (RB) bis Garmisch-Partenkirchen, weiter mit Bus 5 Richtung Antonistüberl, Farchant bis Haltestelle „Wankbahn" Wankbahn www.zugspitze.de
P	Parkplatz Wankbahn (Wankbahnstraße)
	Landesvermessungsamt Bayern Umgebungskarten, Topographisch 1: 50 000 UK50-50 Werdenfelser Land -
🍴	Ammergauer Alpen Wankgipfelhaus Wank 1 82467 Garmisch-Partenkirchen Tel.: 08821-56201 www.wankhaus.de
	Bergstation mit Sonnenalm Tel: 08821 - 79 85 50 www.zugspitze.de
	Reisemobilstellplatz „Alpencamp am Wank" Wankbahnstraße 2 82467 Garmisch-Partenkirchen Tel.: 08821-9677805 www.alpencamp-gap.de Hunde übernachten kostenfrei
	Landhaus Wiesenhof Schlattan 3 82467 Garmisch-Partenkirchen Tel.: 08821-7082835 www.landhaus-wiesenhof-garmisch.de ÜN Hund: 5 Euro/Nacht
i	Tourist Information GaPa Richard-Strauss-Platz 2 82467 Garmisch-Partenkirchen Tel.: 08821-180700 www.gapa.de
✚	Tierarztpraxis Werdenfels Gehfeldstraße 1, 82467 Garmisch-Partenkirchen +49 8821 58870, www.tierarztpraxis-werdenfels.de

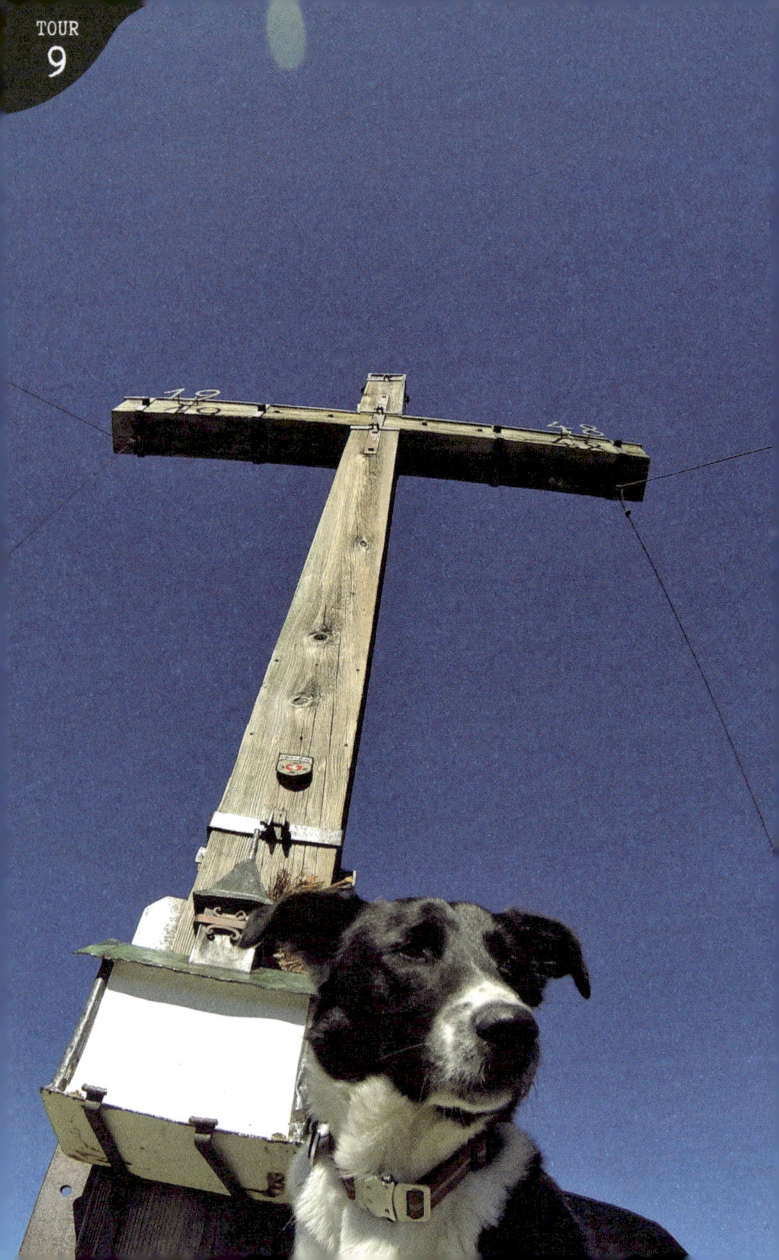

Simetsberg – Der Aussichtsgipfel im Estergebirge

Hundefreundlichkeit: Sehr hundefreundliche Tour, da es überwiegend schattig ist. Aufgrund fehlender Einkehrmöglichkeiten ist die Wanderung nicht sehr überlaufen. Leider gibt es nur wenige Wasserstellen unterwegs. Unter dem Gipfel des Simetsberges gibt es freie Weideflächen mit Viehbetrieb. Im Winter im Gipfelbereich keinesfalls abseits der Wege laufen – es besteht Lawinengefahr!

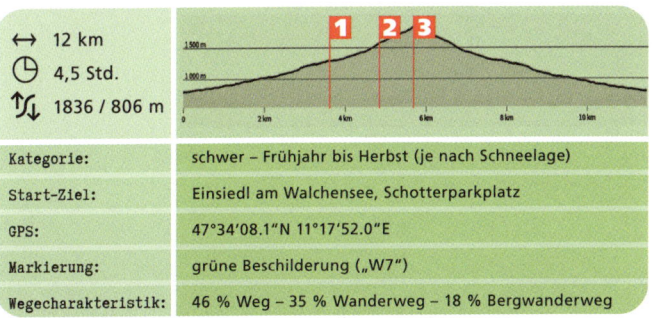

↔	12 km
◔	4,5 Std.
⇅	1836 / 806 m

Kategorie:	schwer – Frühjahr bis Herbst (je nach Schneelage)
Start-Ziel:	Einsiedl am Walchensee, Schotterparkplatz
GPS:	47°34'08.1"N 11°17'52.0"E
Markierung:	grüne Beschilderung („W7")
Wegecharakteristik:	46 % Weg – 35 % Wanderweg – 18 % Bergwanderweg

Vom Parkplatz am Obernachkanal überqueren wir zunächst die Straße und folgen dem grünen Wegweiser („W7 Simetsberg"). Der Weg schlängelt sich durch den Wald, der jedoch nach etwa 1,5 km deutlich lichter wird. Durch die Südlage kann es hier gerade im Winter und Frühjahr schon angenehm warm sein – im Sommer wird die exponierte Lage für Zwei- und Vierbeiner zu einer zusätzlichen Herausforderung. Nach etwa einer Stunde teilt sich der Weg. Wir folgen dem Wegweiser „W7" nach rechts.

Von hier aus sind es noch etwa zwei Stunden bis zum Gipfel. Kurz darauf erreichen wir eine wunderschöne kleine – allerdings private – **1** Hütte. Hier gibt es fließend Wasser für die Hunde – aber bitte nicht in der Viehtränke ein Vollbad nehmen! Der Weg wird nun immer schmaler. Wir wandern weiter bergaufwärts und erreichen bald eine große Schneise, von der der Gipfel des Simetsberges bereits in Sicht kommt. Oft liegt hier noch spät im Jahr der Schnee und so kann das folgende Stück einiges an Kondition

TOUR
9

Einsiedl

Seestraße

P

Obernach

Seestraße

Obernachkanal

1

2

Weideflächen

3

Simetsberg

Nord

komoot, Kartendaten:
© OpenStreetMap-Mitwirkende,
CC-BY-SA

1 km

abverlangen. Nachdem erneut eine **2** Hütte passiert wird, heißt es: **!** Hunde an die Leine, da wir nun über Weideflächen wandern. Von hier schweift der Blick über den großen Bergrücken bis zum rechter Hand gelegenen Gipfel des Simetsbergs. Der folgende Wegabschnitt bis zum Grat ist oft nass und mit vielen kleinen Wasserlöchern gespickt. In einer guten Dreiviertelstunde schafft man es aber bequem von der Hütte bis zum **3** Gipfelkreuz. Durch Latschen und Kiefern geht es im Zick-Zack die letzten Meter bis nach oben. Der Gipfel ist etwas ausgesetzt, was der verdienten Brotzeit aber keinen Strich durch die Rechnung macht: Ein schönes Plätzchen findet man hier immer. Nach einer ausgiebigen Rast mit wunderschöner Aussicht auf den Walchensee erfolgt der Abstieg auf gleichem Weg.

Tipp

Unbedingt genug Wasser und Proviant mitnehmen! Auch ein Sitzkissen und Fernglas sind empfehlenswert. Nach der Tour kann man fast überall am Walchensee baden (nicht überall sind Hunde erlaubt). Besonders schön ist es am Südufer, wo man immer wieder Parkgelegenheiten und schöne Badestellen für Hund und Halter findet. Allerdings ist die Straße nach Jachenau in Privatbesitz und somit mautpflichtig (4 Euro/Tag).

Info

H mit der Bahn (RB) bis Kochel, weiter mit Bus 9608 Richtung Garmisch-Partenkirchen bis zur Haltestelle „Einsiedl", dann 500 m nach rechts zum Parkplatz

P kostenfreier Schotterparkplatz am Obernachkanal

⌖ Landesvermessungsamt Bayern Umgebungskarten, Topographisch 1: 50 000 UK50-51 Karwendel

🍴 Gasthof Edeltraut Seestraße 90 82432 Walchensee Tel.: 08858-262 www.gasthof-edeltraut.de

▬ Gasthof Edeltraut Seestraße 90 82432 Walchensee Tel.: 08858-262 www.gasthof-edeltraut.de ÜN Hund: 5 Euro/Nacht

Camping Walchensee 82432 Walchensee Tel.: 08858-929168 www.camping-walchensee.de ÜN Hund: 3 Euro/Nacht

i Tourist Information Walchensee Ringstraße 1 82432 Walchensee Tel.: 08858-411 www.walchensee.de

✚ Dr. Siglinde Arpke Mittenwalder Straße 11 82431 Kochel Tel.: 08851-92200

Auf kulinarischen Pfaden über die Aidlinger Höhe

Hundefreundlichkeit: Die Aidlinger Höhenwanderung erfordert keine große Ausrüstung und besonders viel Kondition. Der Lothdorfer Bach am Anfang bzw. Ende der Runde ist für Hunde eine ideale Wasserstelle. Die Wege sind überwiegend schattig, das Weidevieh ist eingezäunt. Nur am Parkplatz ist eine Nebenstraße zu überqueren.

↔	5 km
⏱	1,5 Std.
↕	792 / 680 m

Kategorie:	leicht – ganzjährig möglich
Start-Ziel:	Parken am Nationalparkamt, Im Forst 5
GPS:	47°42'44.2"N 11°17'00.2"E
Markierung:	keine
Wegecharakteristik:	99 % Wanderweg – 1 % Straße

Der Einstieg der Tour befindet sich direkt gegenüber vom alten Forsthaus Höhlmühle. Wir überqueren den Lothdorfer Bach und wandern in den Wald hinein. Für etwa zehn Minuten geht es nun auf einem schmalen Pfad bergauf. An einer kleinen Lichtung kreuzt von links eine Forststraße. Wir wandern am Hochstand vorbei weiter geradeaus. Auf dem schmalen Wurzelpfad geht es tiefer in den Wald hinein. Je nach Witterung kann es hier etwas bazig (auf deutsch: rutschig) sein, was sich aber nach wenigen Minuten wieder

erledigt hat. Wir wandern immer weiter Richtung Westen, „erklimmen" den **1** Baumberg und erreichen nach einem weiteren Kilometer die **2** Hohe Lüß, einen kleinen Bergrücken. Von hier aus geht es im leichten Auf und Ab weiter. Ist der Waldrand erreicht, passieren wir ein Gatterl. Anschließend halten wir uns links und erreichen auf dem Forstweg erneut ein Gatterl (beide unbedingt wieder schließen!). Der Blick ist auf die Berge bietet ein herrliches Fotomotiv. Weiter geht es in einer Spitzkehre durch

TOUR
10

Habach

B 472

St 2038

Hohe Lüß
2

Baumberg
1

Höhlmühlstraße

Höhlmühlstraße

Höhenberg

Nord

komoot, Kartendaten:
© OpenStreetMap-Mitwirkende,
CC-BY-SA

500 m

Durch den Wald auf die Hohe Lüß

die gut eingezäunten Kuhweiden hindurch. Nach 800 m erreichen wir eine T-Kreuzung, an der wir uns leicht links halten und in den Wald hineinwandern. Danach an der Dreieckskreuzung rechts. Weitere fünf Minuten später die erste Möglichkeit links bergauf. Hier bleiben wir auf der Forstraße und nach etwa 20 Minuten ist die uns bekannte Lichtung mit dem Hochsitz erreicht. Wir wählen nun den Weg nach rechts und laufen die letzten Minuten auf bekanntem Pfad bergab zurück zum Ausgangspunkt. Pfotenwaschen und eine verdiente Abkühlungbietet der Bach am Ende der Rundtour.

Tipp

Brotzeit und Decke mitnehmen und die Ruhe genießen

Info

H leider etwas kompliziert: mit der Bahn (RB) bis Penzberg, weiter mit Bus 9654 Richtung Weilheim bis Habach, von hier ca. 30 min in südlicher Richtung zum Forsthaus Höhlmühle an der Höhlmühler Straße entlang

P kostenfreier Parkplatz Forsthaus Höhlmühle

⛰ Landesvermessungsamt Bayern Umgebungskarten, Topographisch 1: 50 000 UK50-51 Karwendel

🍴 Am ehemaligen Forsthaus Höhlmühle keine Einkehr. Im Umkreis, nächste Gasthäuser in Murnau oder Penzberg

🛏 Gasthof Post Dorfstraße 26 82418 Riegsee/Aidling Tel.: 08847-6225 www.gasthof-post-aidling.de

Camping Brugger am Riegsee Seestraße 2 82447 Spatzenhausen – Hofheim Tel.: 08847-728 www.camping-brugger.de ÜN Hund: 5,50 Euro/Nacht

i Gemeinde Riegsee Dorfstraße 35 82418 Riegsee Tel.: 08841-3985 www.dasblaueland.de

✚ Falk Rudolph, Bahnhofstraße 12, 82418 Murnau, Tel.: 08841-1363, Notruf: 0151-17295122 www.tierarzt-lux.de

Mit Wickie hoch über Flake auf den Jochberg

Hundefreundlichkeit: Die Wandertour stellt Hunde vor keine größeren Probleme. Ein Großteil der Runde führt durch schattige Laubwälder. Lediglich der Gipfelbereich ist baumfrei und insbesondere im Sommer kann es recht heiß werden. Dafür gibt es unterwegs aber genügend Wasserstellen und 1-A-Bademöglichkeit im Walchensee.

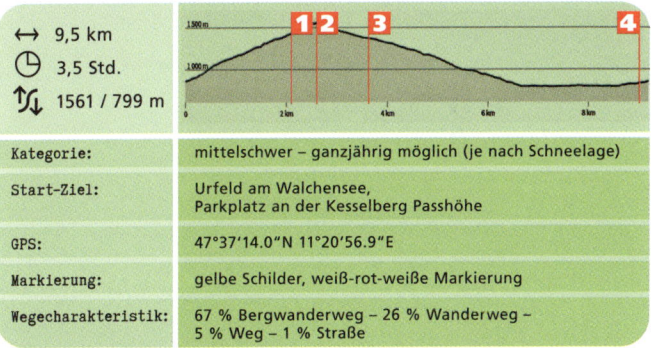

↔ 9,5 km	
⏱ 3,5 Std.	
⤴ 1561 / 799 m	

Kategorie:	mittelschwer – ganzjährig möglich (je nach Schneelage)
Start-Ziel:	Urfeld am Walchensee, Parkplatz an der Kesselberg Passhöhe
GPS:	47°37'14.0"N 11°20'56.9"E
Markierung:	gelbe Schilder, weiß-rot-weiße Markierung
Wegecharakteristik:	67 % Bergwanderweg – 26 % Wanderweg – 5 % Weg – 1 % Straße

Die Tour startet am Parkplatz an der Kesselberg-Passhöhe. Der Einstieg befindet sich in östlicher Richtung direkt neben der Kesselbergstraße und ist mit einem gelben Wegweiser „Jochberg" markiert. Im schönen Laubwald gewinnt man bald an Höhe und die Straße ist schnell verschwunden. Der schmale Steig ist mit einer weiß-rot-weißen Markierung gekennzeichnet und nicht zu verfehlen. Nach etwa einer Dreiviertelstunde lichtet sich der Wald etwas und der Blick zum nördlich gelegenen Kochelsee wird zum ersten Mal frei. Während wir weiter der Beschilderung folgen, wird der Weg

teilweise etwas steinig. Entlang der Strecke Richtung Westen ist gerade für Hunde Vorsicht geboten, denn linker Hand öffnet sich immer wieder der Wald und die steinernen Wände fallen schier senkrecht zum Kochelsee ab – es besteht ❗ Absturzgefahr. Haben wir den Wald hinter uns gelassen, geht es nach dem zweiten Gatterl **1** links den Hang hinauf. Im Süden ist von hier der Walchensee zu erkennen. Von nun an geht es durch Latschen und über ein paar Treppenstufen weiter Richtung **2** Gipfel. Auf dem Jochberg wartet nicht nur das große Gipfelkreuz auf die zwei- und vierbeinigen

TOUR
11

Nord
komoot, Kartendaten:
© OpenStreetMap-Mitwirkende,
CC-BY-SA

1 km

Jochberg
2

Jocheralm
3

Weide-
vieh

1

Absturzgefahr

Desselkopf

St 2072

Radfahrer

Kesselbergstraße

Ramskopf

P

Walchensee Museum

Walchensee

Urfeld

Im Gipfelbereich ist Trittsicherheit wichtig

Bergsteiger. Der exponierte Gipfel wartet auch mit einem grandiosen Panorma auf: Im Norden kann man bei gutem Wetter bis nach München und zum Ammersee schauen. Während im Osten die markante Benedikterwand zu sehen ist, schweift der Blick im Süden bzw. Südwesten über das Karwendel- sowie das Wettersteingebirge. Wer sich genug sattgesehen hat, darf den Rückweg antreten. Auf bekanntem Weg geht es zurück bis zum Waldrand. Am Gatterl halten wir uns nun links und die **3** Jocheralm ist bereits in Sichtweite. Achtung: Hier gibt es **H** Weidevieh. Die Alm ist in

Willkommene Abkühlung im Walchensee

der Almsaison einfach bewirtschaftet und bietet einige Sitzplätze für müde Beine. Nach einer kurzen Rast geht es in Richtung Südwesten, dem Wegweiser „Sachenbach/Urfeld" folgend, weiter. Nach etwa zehn Minuten, biegen wir rechts auf einen kleinen Pfad in den Wald ein. Die Wanderroute wird wieder schattiger und ist weiterhin

gut beschildert. Den Walchensee im Blick, queren wir auf dem Wanderweg immer wieder die Straße. Nach etwa einer Stunde ist der mitunter etwas mühsame Abstieg durch den Buchenwald fast geschafft. Wir folgen nicht der Abzweigung nach „Sachenbach", sondern wandern weiter Richtung „Urfeld/Kesselberg". Nach knapp 600 m ist der See erreicht. Auf der wenig befahrenen Straße – aufpassen muss man eher vor ⓗ Radlern – geht es rechts zurück zum Ausgangspunkt der Tour. Für die Fellnasen ist der Walchensee mit Sicherheit das Highlight der Tour. Entlang des Nordufers finden sich immer wieder schöne, sonnige Plätze, die zur Rast und zum Schwimmen einladen. Der See hat eine hohe Wasserqualität, dafür aber recht niedrige Temperaturen. Die letzte Etappe nach Urfeld dauert etwa eine halbe Stunde. Wer Lust hat kann hier noch in verschiedene Cafés einkehren oder dem ◉ Walchensee Museum einen Besuch abstatten. Mit der Ruhe ist es hier allerdings vorbei. Auf der Kesselbergstraße, die man teilweise abkürzen kann, geht es zurück zum Parkplatz.

Tipp

Wem die gesamte Runde zu lang ist, kann vom Gipfel des Jochberges auch den gleichen Abstieg wie Aufstieg wählen. Man verkürzt die Wegstrecke um knapp 5 km, verpasst allerdings auch den wunderschönen Walchensee. In Walchensee kann man auch dem Wikingerdorf „Flake" einen Besuch abstatten. Ursprünglich war das Dorf für den „Bully"-Herbig-Film „Wickie und die starken Männer" errichtet. Ein Teil der Kulissen ist seit 2009 für Besucher geöffnet.

Info

ⓗ	mit der Bahn (RB) bis Kochel, weiter mit Bus 9608 Richtung Garmisch-Partenkirchen bis Haltestelle „Kesselberg Passhöhe"
ⓟ	kostenfreie Parkplätze an der Kesselberg Passhöhe
🗺	Landesvermessungsamt Bayern Umgebungskarten, Topographisch 1: 50 000 UK 50-52 Tölzer Land – Starnberger See
🍴	Jocheralm www.jocheralm.de ca. Mitte Mai bis Kirchweih, Montag Ruhetag
🛏	Gasthof Edeltraut Seestraße 90 82432 Walchensee Tel.: 08858-262 www.gasthof-edeltraut.de ÜN Hund: 5 Euro/Nacht

Camping Walchensee 82432 Walchensee Tel.: 08858-929168 www.camping-walchensee.de ÜN Hund 4 Euro/Nacht |
| ℹ | Tourist Information Walchensee Ringstraße 1 82432 Walchensee Tel.: 08858-411 www.walchensee.de |
| ✚ | Dr. Siglinde Arpke Mittenwalder Straße 11 82431 Kochel Tel.: 08851-92200 |

Isartal: Zum Ickinger Stausee und zurück

Hundefreundlichkeit: Fernab von Straßen ist man auf dieser Tour meist alleine unterwegs ist. Durch Wälder und über Wiesen geht es ohne Höhenunterschiede entlang der Isar. Auf den mitunter schmalen Pfaden kann es manchmal recht abenteuerlich werden. Auf dem Hinweg gibt es keinen Zugang zur Isar. Tolle Wasserstellen gibt es am Wehr und am Ende der Tour. Am Ickinger Stausee sind Hunde nicht gerne gesehen. Auch sind Radfahrer auf der zweiten Tourhälfte keine Seltenheit.

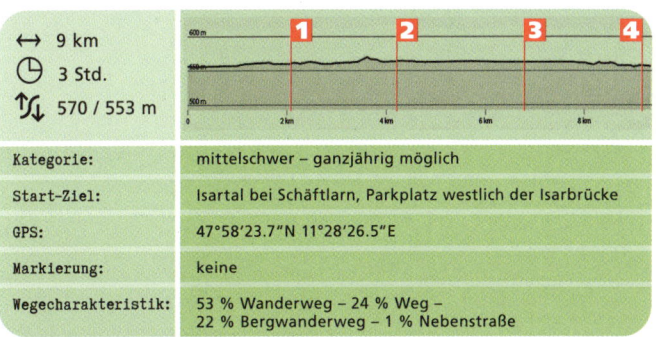

↔ 9 km		
⏱ 3 Std.		
↗↘ 570 / 553 m		

Kategorie:	mittelschwer – ganzjährig möglich
Start-Ziel:	Isartal bei Schäftlarn, Parkplatz westlich der Isarbrücke
GPS:	47°58'23.7"N 11°28'26.5"E
Markierung:	keine
Wegecharakteristik:	53 % Wanderweg – 24 % Weg – 22 % Bergwanderweg – 1 % Nebenstraße

Der Einstieg zur Wanderung liegt direkt gegenüber vom großen Parkplatz an der Isarbrücke. Wir überqueren die Straße. Bei dem Marterl geht es geradezu auf dem Damm. Für einen Kilometer wandern wir immer Richtung Süden dem Wald entgegen. Nach etwa 20 Minuten mündet der Weg nach einer kleinen Rechtskurve auf die Forststraße. Hier halten wir uns links und laufen zunächst immer weiter geradeaus. An der ersten Abzweigung geht es nach rechts. Nach ein paar Metern erreichen wir eine großen Lichtung mit einer saftig-grünen Wiese. Obacht: Hier hüpft schon mal ein Hase oder Reh des Weges. An der nächsten Abzweigung geht es nach **1** links, und nicht nach rechts in den Wald hinauf. Nach der schönen Wiese geht es ab in den „Dschungel". Der Pfad ist schmal und im Sommer meist etwas zugewachsen. Man wünscht sich manchmal eine Machete im Rucksack. Aber nach etwa einer Viertelstunde wird es besser und der Weg wieder

TOUR
12

Ebenhausen-
Schäftlarn

St 2071

P

Isar

1

3

Hornstein

Isarkanal

Ickinger
Stausee

2

Ickinger Stauwehr

Münchner Straße

Wehrbaustraße

Nord

komoot, Kartendaten:
© OpenStreetMap-Mitwirkende,
CC-BY-SA

1 km

Sachsen-
hausen

Allgemeines Plantschen

breiter. Festes Schuhwerk ist spätestens hier von Vorteil, wenn der Regen mal wieder ein paar große Pfützen und Schlammlöcher für die Fellpflege der Hunde bereit gehalten hat. Schon bald ist das **2** Ickinger Stauwehr erreicht. Hier gibt es tolle Zugänge über die Kiesbänke zur Isar. Es empfiehlt sich, auf der Westseite ans Wasser zu gehen.

Beim Übergang des Stauwehres sollten Hunde an die Leine genommen werden, denn der Durchgang ist sehr schmal und es ist mit Gegenverkehr zu rechnen. Auf der anderen Seite angekommen, befinden wir uns zwischen Isar und dem Isarkanal. Der Weg zurück Richtung Nordosten liegt in der goldenen Mitte: Zur linken Hand die Isar, zur Rechten den Kanal. Aufgrund

Stau am Ickinger Stauwehr

der mitunter glatten Wände sollten die Hunde nur mit Vorsicht in den Kanal gelassen werden. Etwa fünf Minuten nachdem wir das Stauwehr hinter uns gelassen haben, liegt hinter Büschen und Bäumen linker Hand der 🅞 Ickinger Stausee. Dieser ist für Hunde tabu. Vor allem in den Sommermonaten herrscht hier reger Badebetrieb. Am Ende des Stausees gibt es aber die Möglichkeit, Hunde kurz ins Wasser zu lassen.

Der letzte Wegabschnitt auf dem Damm ist nicht zu verfehlen. Nach etwa 30 Minuten geht es rechts über die Holzbrücke zur 3 Aumühle. Ein schöner, aber recht kleiner Biergarten. Nach der Rast führt uns die Runde weiter geradeaus entlang des Kanals. Nach knapp 2,5 km erreichen wir das Gasthaus 4 „Zum Bruckenfischer". Hier erwartet uns ein großer Biergarten unter alten Kastanien mit einer großen Auswahl an Speisen. Badmöglichkeiten für Hund und Mensch gibt es hinter dem Gasthaus nördlich der Straße. Wenn gerade kein Hochwasser ist, gibt es hier eine schöne Kiesbank mit Zugang zur Isar. Der Weg zum Parkplatz, dem Ausgangspunkt der Tour, ist von hier nur noch ein Katzensprung über die Brücke.

Tipp

Wer sein Auto beim Gasthaus „Zum Bruckenfischer" parkt, bekommt die fällige Parkgebühr beim Verzehr von Speisen und Getränken vor Ort teilweise erstattet.

Info

🅗 leider etwas kompliziert: mit der S-Bahn (S7) Richtung Wolfratshausen bis Haltestelle „Ebenhausen-Schäftlarn", anschließend ca. 30 min Fußweg hinab ins Isartal, vorbei am Kloster Schäftlarn

🅟 Parkplatz beim Gasthaus zum Bruckenfischer

🗺 Landesvermessungsamt Bayern Umgebungskarten, Topographisch 1: 50 000 UK100-1 München und Umgebung

🍴 Gasthaus zum Bruckenfischer
Dürnstein 1
82544 Egling
Tel.: 08178-3635
www.bruckenfischer.de

Gasthaus Aumühle
Aumühle 10
82544 Egling
Tel.: 08178 4351
www.gasthaus-aumuehle.de

Klosterbräu Stüberl
Kloster Schäftlarn 16
82067 Ebenhausen
Tel.: 08178-3694
www.klosterbraeustueberl-schaeftlarn.de

🛏 Hotel Gut Schwaige
Rodelweg 7
82067 Ebenhausen (Schäftlarn)
Tel.: 08178-93 00 0
www.hotel-gutschwaige.de
ÜN Hund: 10 Euro/Nacht

ℹ Gemeinde Schäftlarn
Starnberger Straße 50
82069 Hohenschäftlarn
Tel.: 08178-93030
www.schaeftlarn.de

✚ Renée Haas
Mühlstraße 6a
(Eingang am Hirtenberg)
82064 Straßlach-Dingharting
Tel.: 08170-925722
www.kleintierpraxis-haas.de

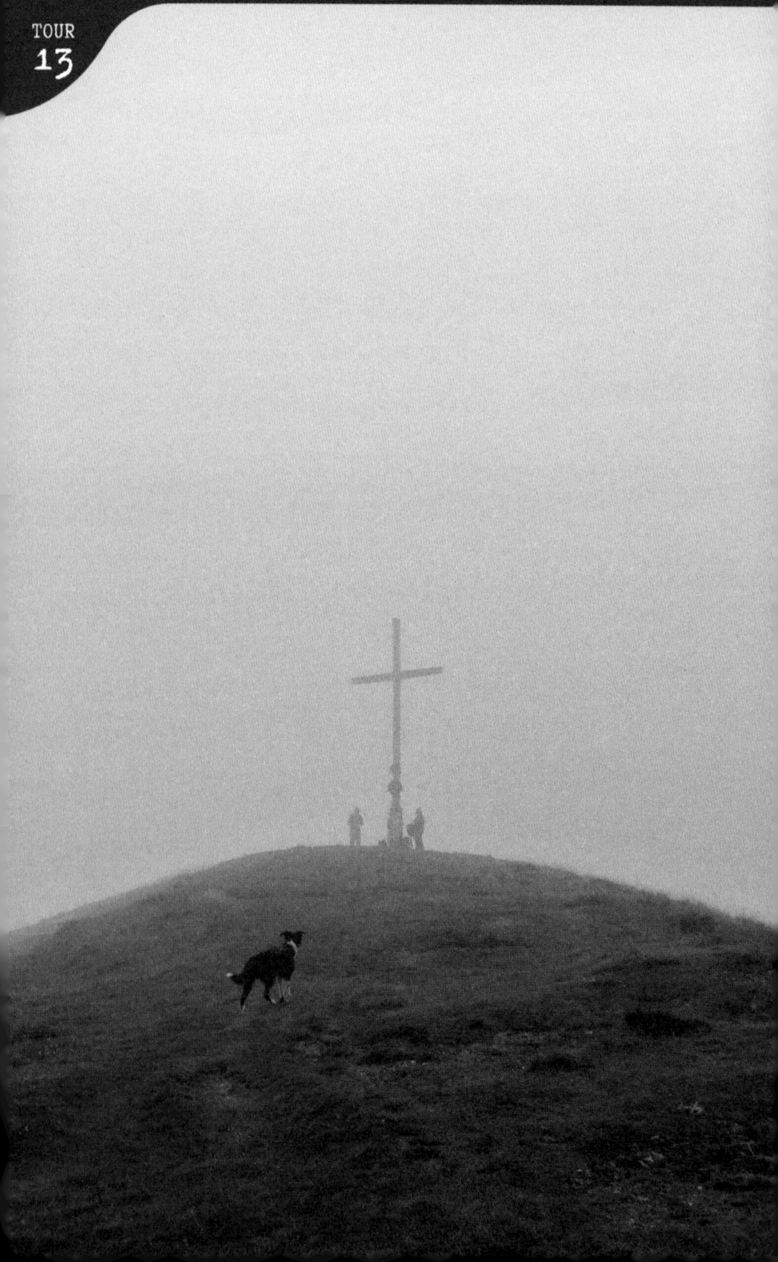

Über den Zwiesel zum Blomberg

Hundefreundlichkeit: Der Blomberg ist der Hausberg von Bad Tölz und bei Einheimischen und Urlaubern sehr beliebt. Daher ist es empfehlenswert, diese Tour nicht am Wochenende zu laufen. Der untere Bereich der Strecke führt entlang des Steinbachs und ist überwiegend schattig. Hier gibt es schöne Wasserstellen. Im oberen Bereich der Almen und des Blomberghauses durchwandert man Weideflächen. Auch gibt es oben zwei Viehroste, über die man die Hunde leiten muss.

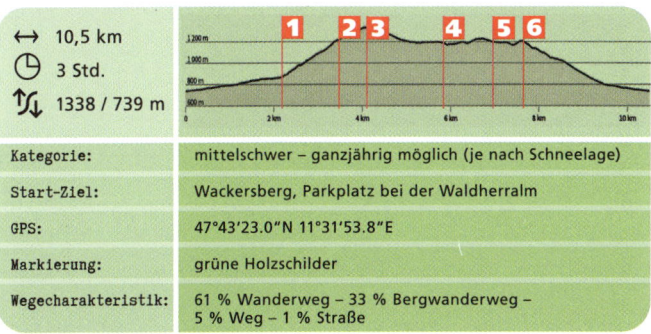

↔	10,5 km
🕐	3 Std.
↕	1338 / 739 m

Kategorie:	mittelschwer – ganzjährig möglich (je nach Schneelage)
Start-Ziel:	Wackersberg, Parkplatz bei der Waldherralm
GPS:	47°43'23.0"N 11°31'53.8"E
Markierung:	grüne Holzschilder
Wegecharakteristik:	61 % Wanderweg – 33 % Bergwanderweg – 5 % Weg – 1 % Straße

Die Tour beginnt am Wanderparkplatz an der Waldherralm. Wir wandern Richtung Westen und lassen die Alm rechts liegen. Entlang des Wegs geht es für fünf Minuten geradeaus Richtung Zwiesel. Nach 600 m halten wir uns rechts und nehmen den Weg zum Zwiesel über die Schnoaderalm. Direkt hinter der Abbiegung gibt es linker Hand eine prima Wasserstelle für die Hunde. Wir folgen dem rauschenden Steinbach Richtung Westen weiter durch den schattigen Wald. Den Abzweig, der nach wenigen Minuten zum Heigelkopf führt, lassen wir rechts liegen. Ohne große Steigung schlängelt sich der Weg, dem Steinbach folgend, ins Tal hinein. Nach etwa einer halben Stunde Fuß- bzw. Pfotenmarsch biegen wir rechts ab (gelber Wegweiser „Zwiesel"), um kurz darauf wieder links die kleine **1** Brücke zu überqueren. Danach geht es die Stufen einer Stahltreppe hinauf. Hunde können an den Stufen vorbeigeführt werden. Der Pfad wird

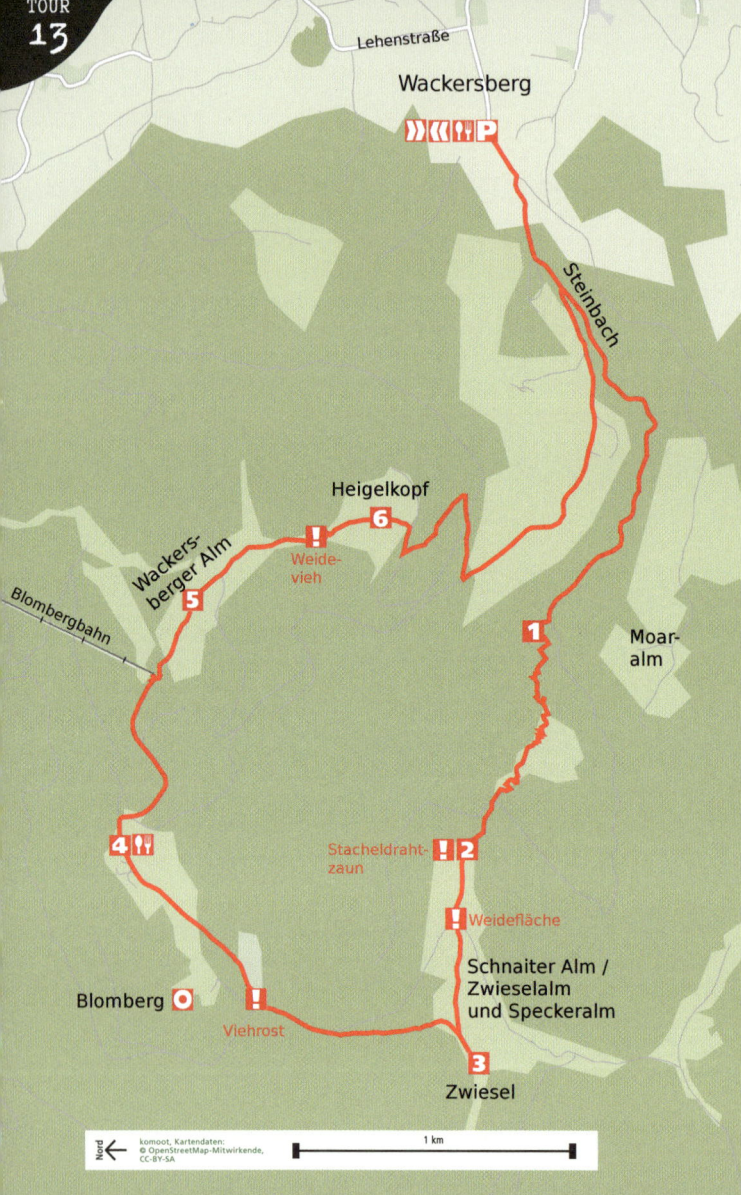

TOUR
13

Lehenstraße

Wackersberg

Steinbach

Moar-
alm

Heigelkopf

6

Wackers-
berger Alm

Weide-
vieh

5

Blombergbahn

1

4

Stacheldraht-
zaun

2

Weidefläche

Schnaiter Alm /
Zwieselalm
und Speckeralm

Blomberg

3

Viehrost

Zwiesel

Nord

1 km

Gitterrosttreppe vor dem eigentlichen Anstieg.
Diese kann vom Hund gut umgangen werden

nun steiler und steiniger. Bei Nässe kann es rutschig sein. Man gewinnt schnell an Höhe und der Wald lichtet sich. An heißen Tagen fühlt man sich hier wie im Urwald, da teilweise mannshohe Farne den Weg säumen. In Serpentinen geht es steil hinauf. Nachdem das Gelände wieder etwas flacher geworden ist, wandern über einen grasbewachsenen Rücken und weiter Richtung Westen in einen lichten Wald hinein. Wenig später ist der Waldrand erreicht und an einem ❗ Stacheldrahtzaun führt der Weg durch einen ❷ Durchlass. Weiter geht es über freies Gelände und die ❗ Weideflächen – die Schnaiteralm bereits im Blick. Direkt dahinter findet

Nur Fliegen ist schöner: Skulpturen am Wegesrand

sich die Speckeralm. Von hier ist bereits das Gipfelkreuz des Zwiselbergs auf der grünen Anhöhe zu erkennen. Über einen Forstweg und einen teilweise ausgelatschten Trampelpfad bezwingen wir den **3** Gipfel. Mehrere Bankerl stehen den Wanderern hier zur Verfügung. So lässt sich in Ruhe ein Blick über das Isartal, die Benediktenwand und bis zur Zugspitze genießen. Nach einer kleinen Stärkung für Hund und Halter wenden wir uns in nordöstlicher Richtung der einzelnen Tanne zu. Dahinter ist in der Ferne bereits das Blomberghaus zu sehen – das nächste Etappenziel auf der Wanderung. Auf dem Weg dahin wird der Trampelpfad deutlich breiter. An der nächsten T-Kreuzung halten wir uns links und folgen

auf dem Fahrweg. Wenig später geht es an einem Schlagbaum vorbei und dann rechts gemütlich ohne große Steigung weiter. Es folgen zwei **!** Viehgitter, um die die Hunde geleitet oder getragen werden müssen. Das **4** Blomberghaus mit seiner großen Sonnenterrasse bietet viel Platz für Hund und Halter. Trotzdem kann es manchmal eng werden, da die gute Verbindung mit der Bahn viele Besucher anlockt. Nach einer Stärkung beginnt der Abstieg. Zunächst geht es in östlicher Richtung bis zur nahegelegenen Bergwachthütte. Weiter geht es rechts über den sehr gut ausgebauten Weg (Wegweiser Heigelkopf folgen) vorbei an den Skulpturen des Kunstwanderwegs. Nach etwa zehn Minuten ist die Bergstation der Sesselbahn erreicht, welche wir links liegen lassen. Am darauf folgenden Kamm wird es wieder etwas ruhiger und wir erreichen nach wenigen Minuten die **5** Wackersberger Alm. Diese ist in der Almsaison (Anfang Juni – Ende Oktober) mit Getränken und Brotzeiten bewirtschaftet. Von der Alm folgen wird dem gut ausgebauten Weg bis zum Blombergkreuz. Achtung, hier können **H** Rinder grasen. Es folgt ein kurzer Abstieg, durch eine Senke und ein Gatter'l und dann wieder ein kurzer Aufstieg zum **6** Heigelkopf. Der folgende Abstieg ist mitunter schwer zu erkennen – es geht geradewegs in Richtung Süden den Grasbuckel hinunter. Am Waldrand geht es durch das Gatter und anschließend rechts auf dem breiteren Weg in den Wald hinab. Wenig später geht es erneut rechts steil bergab. Wir queren die Kreuzung und folgen dem Wegweiser Richtung „Waldherralm". Die letzten 2 km geht es leicht bergab. Schon bald treffen wir wieder auf die Wegkreuzung am Steinbach. Hier können vor den letzten Metern zurück zum Parkplatz noch mal die Pfoten gekühlt werden.

Tipp

Kunstliebhaber aufgepasst: Der Weg vom Blomberghaus bis zur Blombergbahn ist gesäumt von mehr als 20 Skulpturen, die rechts und links des Weges im Wald versteckt sind. Der Streckenabschnitt ist der höchste Kunstwanderweg Deutschlands.

Info

H mit der Bahn (BRB) nach Lenggries, weiter mit Bus 9564 Richtung Bad Tölz bis Haltestelle „Steinbach MAN, Wackersberg", von hier aus etwa 20 min Fußweg zur Waldherralm.

Hunde sind in der Blombergbahn bei Bad Tölz nicht zugelassen.

P Parkplatz bei der Waldherralm

K Landesvermessungsamt Bayern Umgebungskarten, Topographisch 1: 50 000 UK 50-52 Tölzer Land – Starnberger See

†1 Berggasthof Blomberghaus Am Blomberg 1 83646 Bad Tölz +49 (0)80 41 - 64 36 info@blomberghaus.de www.der-blomberg.de

Waldherr Alm Lehen 14 83646 Wackersberg Tel.: 08041-9520 www.waldherralm.de

— Gästehaus Isarau Ganterweg 30 83661 Lenggries/Wegscheid Tel.: 08042-3348 www.gaestehaus-isarau.de ÜN Hund: 7 Euro/Nacht

i Tourismus Bad Tölz Max-Höfler-Platz 1 83646 Bad Tölz Tel.: 08041-78670 www.bad-toelz.de

+ Ulrike Vögele Gaissacher Straße 8 83646 Bad Tölz Tel.: 08041-41104 www.tierarzt-toelz.de

Von Benediktbeuern auf die „Benewand"

Hundefreundlichkeit: Die Tour ist sowohl für Hunde als auch Menschen nicht zu unterschätzen. Zum einen ist sie sehr lang, zum anderen sollten Zwei- und Vierbeiner über alpine Erfahrung verfügen. Ohne die richtige Ausrüstung geht es nicht, wenn der anspruchsvolle Ostanstieg gewählt wird! Zur Beginn ist die Tour recht schattig und es gibt am Lainbach ausreichend Wasserstellen. Je höher es geht, desto sonnenexponierter wird die Strecke. Im Gipfelbereich sind oft Steinböcke anzutreffen. Die Tutzinger Hütte ist sehr hundefreundlich.

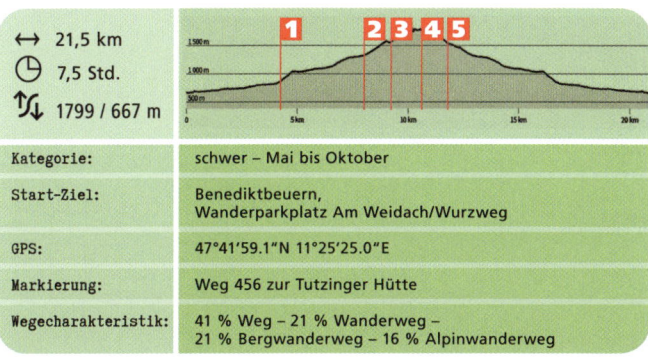

↔ 21,5 km	
⏱ 7,5 Std.	
⇅ 1799 / 667 m	

Kategorie:	schwer – Mai bis Oktober
Start-Ziel:	Benediktbeuern, Wanderparkplatz Am Weidach/Wurzweg
GPS:	47°41'59.1"N 11°25'25.0"E
Markierung:	Weg 456 zur Tutzinger Hütte
Wegecharakteristik:	41 % Weg – 21 % Wanderweg – 21 % Bergwanderweg – 16 % Alpinwanderweg

Am Parkplatz in Benediktbeuern geht es zunächst über die Lainbachbrücke. Dahinter halten wir uns links und folgen der Ausschilderung Richtung Tutzinger Hütte über das Lainbachtal. Nach wenigen Minuten trifft man auf den Lainbach. Für die nächsten knapp 4 km folgen wir dem rauschenden Bach und passieren mehrere Schautafeln des Wildbach-Lehrpfads. Nach

etwa 45 Minuten überqueren wir eine schmale **1** Holzbrücke und biegen dahinter rechts ab. Über einen schmalen Pfad geht es nun steil aufwärts. Nach etwa 700 m erreichen wir einen breiten Fahrweg, dem wir geradeaus folgen. Ein Schild weist den Weg zur Tutzinger Hütte, der uns an einigen Weideflächen vorbeiführt. Nach einem knappen Kilometer, kurz vor der Materialseilbahn

TOUR
14

Benedikt-
beuern

Gschwendt

Windpasselkopf

Buchenauer
Kopf

1

Brandenberg

Gurneck

Pessenbach

Kohl-
statt-
alm

Schwarzenbergkopf

Eibelskopf

Gemskopf

2

5

3

Glaswand

4

Benediktenwand

Nord

komoot, Kartendaten:
© OpenStreetMap-Mitwirkende,
CC-BY-SA

1 km

Ein drahtseilversichertes Stück im Aufstieg. Hund unbedingt sichern und über die großen Felsbrocken helfen

der Hütte, biegt ein schmaler Steig links ab. Wir folgen dem Weg, vorbei an einem auffallenden Felsen mit Sitzbank. In weiterem Verlauf geht es steil im Zick-Zack den Wald hinauf. Ist diese schwere Passage geschafft, lichtet sich der Bergwald und gibt den ersten Blick auf die beeindruckenden Nordwände der Benediktenwand, kurz „Benewand", frei. Die letzten Minuten geht es einen flachen Steig über Weideflächen bis zur **2** Tutzinger Hütte. Hinter der Hütte führt der Weg wieder leicht bergab direkt auf die Felswände zu. Am Wegweiser halten wir uns links und wählen den Aufstieg über

Rechts die Nordseite der Benewand, links unten liegt die Tutzinger Hütte

den Ostweg. Für die nächsten 30 Minuten geht es in gleichbleibender Steigung bergauf. Die Chancen sind recht hoch, auf Steinböcke zu treffen. Am **3** Sattel angekommen, wenden wir uns nach rechts. Nachdem es für ein kurzes Stück hinunter geht, beginnt der steile und anspruchsvollste Teil des Anstiegs.

Entlang der drahtseilversicherten Felsen ist etwas Kletterei und Trittsicherheit gefragt. Hunde unbedingt sichern und unterstützen! Aufgepasst: Einige Stellen sind stark abgetreten und **!** rutschig. Nachdem wir durch einen Felsspalt gekraxelt sind, folgt eine weitere drahtseilgesicherte Stelle. Haben

Hund und Halter diese passiert, sind die größten Schwierigkeiten gemeistert. Durch Latschen geht es nun einfacher in leichtem Auf und Ab die letzten Meter bis zum **4** Gipfelkreuz. Das Biwak ist eine Notunterkunft, keine Hütte im eigentlichen Sinne. Der Ausblick ist grandios und entlohnt für die Anstrengungen im Aufstieg. Der Abstieg erfolgt über die einfachere Variante, über die Westseite der Benediktenwand. Hierzu geht es zunächst über den Gipfel weiter in Richtung Westen. Wir wandern entlang des Gipfelkamms, bis nach wenigen Minuten der Weg in südlicher Richtung abwärts führt. Nach etwa einer halben Stunde passieren wir mehrere **5** Wegweiser. Hier halten wir uns rechts und laufen für weitere 500 m gen Osten. Nach einer halben Stunde geht es links hinunter zur **2** Tutzinger Hütte. Der weitere Weg ist uns bekannt, da es der gleiche ist wie beim Aufstieg. Alternative: Kurz nach der Materialseilbahn links und über die Kohlstattalm absteigen. Diese Variante dauert etwa genauso lange, ist allerdings landschaftlich nicht ganz so reizvoll wie das Leinbachtal.

Tipp

Die Tutzinger Hütte ist (noch) eine der wenigen Hütten, auf denen mit Hund übernachtet werden kann. Dies geht aber nur nach vorheriger Anmeldung. Die Übernachtung für Hunde kostet 10 Euro und es gibt einige Regeln, an die man sich halten muss. Siehe auch www.dav-tutzinger-huette.de/Hunde.html

Info

H mit der Bahn (RB) nach Benediktbeuern, ab Bahnhof ca. 30 min Fußweg in süd-östlicher Richtung zum Wanderparkplatz

P Wanderparkplatz Am Weidach/Wurzweg

🗺 Landesvermessungsamt Bayern Umgebungskarten, Topographisch 1: 50 000 UK50-51 Karwendel

🍴 Tutzinger Hütte, www.tutzinger-huette.de Mobil: 0175-1641690 geöffnet ca. Ostern bis Anfang November

🛏 Ferienhof "Zum Wimmer" Mariabrunnweg 39 83671 Benediktbeuern 08857 271 www.ferienhof-zum-wimmer.de

Tutzinger Hütte, www.tutzinger-huette.de Mobil: 0175-1641690 geöffnet ca. Ostern bis Anfang November ÜN Hund: 10 Euro/Nacht

i Gästeinformation Benediktbeuern Prälatenstraße 3 83671 Benediktbeuern Tel.: 08857-248 www.benediktbeuern.de

✚ Dr. Diana Ruf Bahnhofstraße 8 83673 Bichl Tel.: 08857-899114 www.tieraerztin-ruf.de

In luftigen Höhen: der Braunecker Höhenweg

Hundefreundlichkeit: Diese Tour ist für Hunde sehr anspruchsvoll, da ausgesetzte Stellen sowie kleinere Klettereien überwunden werden müssen. Alpine Erfahrung ist daher eine Grundvoraussetzung. Im Sommer kann es auf der Tour nicht nur sehr sonnig werden. Durch die Gondelbahn ist das Gebiet bei schönem Wetter auch recht gut besucht. Um Ruhe zu finden, lohnt es daher, unter der Woche mit den Fellnasen auf Wanderung zu gehen. Im Winter ist das Brauneck ein beliebtes Skigebiet und diese Wanderung daher nicht möglich.

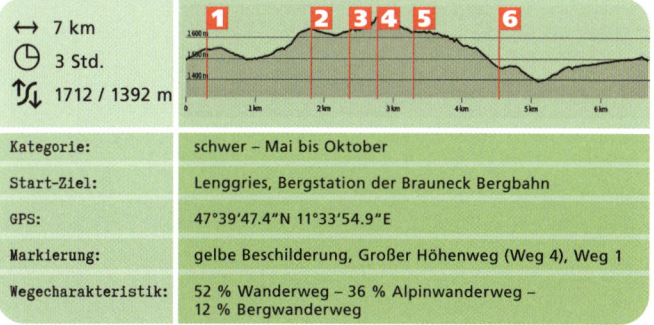

↔ 7 km
🕐 3 Std.
⇅ 1712 / 1392 m

Kategorie:	schwer – Mai bis Oktober
Start-Ziel:	Lenggries, Bergstation der Brauneck Bergbahn
GPS:	47°39'47.4"N 11°33'54.9"E
Markierung:	gelbe Beschilderung, Großer Höhenweg (Weg 4), Weg 1
Wegecharakteristik:	52 % Wanderweg – 36 % Alpinwanderweg – 12 % Bergwanderweg

An der Bergstation auf 1500 m Höhe – die wir zuvor mit der Brauneck Bergbahn erreicht haben – geht es los. Zum ersten Gipfel ist es nicht weit. Nach einem kurzen Anstieg, vorbei am Brauneck Gipfelhaus (keine Hunde erlaubt), stehen wir schon am **1** Brauneck-Gipfelkreuz (1555 m) und genießen den einmaligen Blick ins Karwendel. In die entgegengesetzte Richtung ist das Isartal mit Bad Tölz und bei gutem Wetter sogar München zu sehen. Vom Gipfelkreuz führt der Weg in südwestlicher Richtung vorbei am Gleitschirm- und Drachenflieger Startplatz. Weiter geht es über einen Steig unterhalb des Schrödlstein, bis wir die Abzweigung zum Latschenkopf erreichen. Der Pfad führt nun oberhalb des Sesselliftes vorbei, es folgt ein kurzer, aber steiler Anstieg. Nach etwa einem Kilometer ist der mächtige Bergrücken erklommen und das **2** Stangeneck

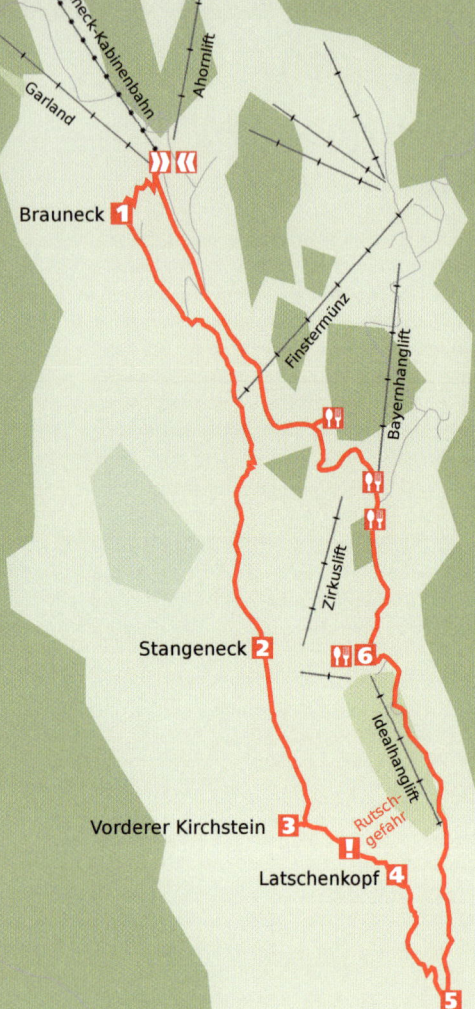

TOUR 15

Brauneck-Kabinenbahn

Braunegg

Garland

Ahornlift

Brauneck **1**

Finstermünz

Bayernhanglift

Stangeneck **2**

Zirkuslift

6

Idealhanglift

Vorderer Kirchstein **3**

Rutsch-
gefahr

Latschenkopf **4**

5

erreicht. Weiter geht es in westlicher Richtung zum **3** Kirchstein, den man fast ohne weiteren Anstieg erreicht. Von hier aus ist auch nicht mehr weit zum **4** Latschenkopf (1712 m). Der Ausblick auf die Benediktenwand ist von hier oben grandios. Hat man sich satt gesehen, erfolgt der Abstieg auf felsigem Weg durch Latschen und Felsspalten weiter in Richtung Westen. Achtung: Bei feuchter Witterung kann es teilweise sehr **!** rutschig sein. Schwindelfreiheit und Trittsicherheit sind für Zwei- und Vierbeiner an den ausgesetzten Stellen unbedingt erforderlich. Haben wir den **5** Probstalmsattel erreicht, biegen wir scharf links ab und steigen, am Idealhanglift vorbei, zur 1,3 km entfernten **6** Stie-Alm ab. Hier können nicht nur Hund und Halter einkehren. Auch eine Kneipanlage ist neben der Alm errichtet worden, um qualmende Füße abzukühlen. Weiter bergab geht es auf dem Fahrweg („Weg 1"), bis die Strasser Alm erreicht ist. Dabei müssen **!** Viehgitter überquert werden. Ab hier wandern wir die letzten 1,5 km wieder bergauf. In nordöstlicher Richtung, an der Quenger Alm und der Tölzer Hütte vorbei, geht es im gemächlichen Anstieg zurück zur Bergstation.

Tipp

Die Almdichte auf dem Brauneck ist besonders hoch und so gibt es hier fast an jedem Stein eine Einkehrmöglichkeit. Viele regionale Produkte werden in den urigen Hütten wie Quenger Alm, Stie-Alm, Strasser Alm und Tölzer Hütte angeboten. Ein Besuch lohnt sich. Die Wege zu den Almen sind gut ausgebaut und beschildert.

Info

H mit der Bahn (BRB) bis Lenggries, von hier aus ca. 15 min Fußweg zur Bergbahn Brauneck

Bergbahn Brauneck
www.brauneck-bergbahn.de

P Parkplatz Bergbahn Brauneck

⌖ Landesvermessungsamt Bayern Umgebungskarten, Topographisch 1: 50 000 UK50-52 Bad Tölz - Lenggries

🍴 Quenger Alm, Quenger Alm 4 83661 Lenggries-Brauneck 08042/5079205 quenger-alm.de

Strasser Alm am Höhenweg (Nähe Zirkuslift) (ca. 20 min von der Bergstation) Tel.: 08042-3123 bei Regen geschlossen

Tölzer Hütte Mobil: 0171/414 62 33 08042/8732 www.tölzerhütte.de

🛏 Gästehaus Isarau Ganterweg 30 83661 Lenggries/Wegscheid Tel.: 08042-3348 www.gaestehaus-isarau.de ÜN Hund: 7 Euro/Nacht

i Gästeinformation der Gemeinde Lenggries Rathausplatz 2 83661 Lenggries Tel.: 08042- 50180 www.lenggries.de

✚ Dr. Andrea Wolf Isarstraße 19 83661 Lenggries Tel.: 08042-8668

Farbspektakel im großen Ahornboden

Hundefreundlichkeit: Die Region ist mit den Touristenattraktionen des Almdorfes Eng sowie dem Ahornboden – ein lichter aber imposanter Wald aus Bergahornen – an Wochenende stark überlaufen. Mit Hunden daher lieber unter der Woche wandern. Zu Beginn und am Ende der Runde gibt es schöne Wasserstellen. Auf den Almen ist auf Weidevieh zu achten. Schattige und sonnige Streckenabschnitte wechseln sich ab.

↔ 6,5 km	
🕐 2,5 Std.	
↕ 1630 / 1197 m	

Kategorie:	mittelschwer – Mai bis Ende Oktober
Start-Ziel:	Eng, Parkplatz am Talende
GPS:	47°24'10.6"N 11°34'01.1"E
Markierung:	gelbe Markierung
Wegecharakteristik:	57 % Wanderweg – 42 % Bergwanderweg – 1 % Weg

Die kleine Rundtour ohne nennenswerten Gipfel beginnt direkt hinter dem Gasthof Eng in Richtung Süden. Hinter der Brücke geht es gleich links den Anstieg in den Wald hinauf. Den Serpentinen folgend, gewinnt man schnell an Höhe. Nach etwa 20 Minuten biegen wir links auf den Forstweg ab und folgen diesem bis zur **1** Binsalm. Die Alm auf 1500 m ist nach weiteren 20 Minuten erreicht und ist die vorerst letzte Einkehrmöglichkeit. Für Hund und Mensch gibt es eine schöne Wasserstelle an der Alm. Auch die kleine Binskapelle lädt zum Verweilen ein. Nach der Erfrischung geht es in einer Rechtskurve den Weg hinauf. Wir kommen auf den breiten aber steilen Panoramaweg, dem wir immer geradeaus folgen. Nach schweißtreibenden 20 Minuten belohnt die erste grandiose 🔴 Aussicht für die Mühen. Weiter geht es – das Panorama der steilen Felswände des Karwendels immer vor Augen – bis der **2** höchste Punkt erreicht ist. Über Almflächen beginnt der Abstieg, der je nach Witterung recht 🟧 batzig ausfallen kann. Der Weg ist jederzeit gut ausgeschildert und kann trotz der Ablenkung durch die grandiose Aussicht

Großer Ahornboden

Risstal-Landesstraße

Eng

Hinterriß-Binsalm

schöne Aussicht

Panoramaweg

Wasserstelle

Hochglückkarbach

Rutschgefahr

2

1

500 m

nicht verfehlt werden. Nach einer guten halben Stunde im Abstieg erreicht der Weg eine 🅾 Wasserstelle. Die Südspitze des Ahornbodens – ein lichter Wald aus Bergahornen und gleichzeitig grenzübergreifendes Naturschutzgebiet – sowie das Almdorf Eng sind bereits zum Greifen nahe. Das Dorf und dessen nähere Umgebung sind insbesondere in den Sommermonaten gut besucht. Hunde also besser an die kurze Leine nehmen. Über die Almflächen auf einem breiten Weg geht es in das Dorf hinein. Neben einer Käserei und einem Bauernladen bietet eine Rasthütte mit großer Sonnenterrasse die Möglichkeit zur Einkehr. Vor der letzten Etappe zum Ausgangspunkt der Tour sollte man unbedingt eine Runde durch das Almdorf drehen. Die Zeit scheint hier stehen geblieben zu sein. Denn es kann schon mal passieren, dass Ziegenfamilien den Weg kreuzen. Die Eng, an der unsere Tour startet und endet, liegt bereits in Sichtweite und ist in wenigen Minuten auf gut ausgebauten Wegen zu erreichen.

Info

🅷 mit der Bahn (BRB) bis nach Lengries, ab hier weiter mit dem „Bergsteigerbus" Linie 9569 (Juni – Oktober) bis Eng

🅿 Parkplatz am Gasthof Eng

🗺 Landesvermessungsamt Bayern Umgebungskarten Topographisch 1: 50 000 UK 50-51 Karwendel

🍴 Binsalm-Hinterriss A-6215 Hinterriss Tel.: +43 (0)5245-214 www.binsalm.at

Rasthütte im Almdorf Eng, www.engalm.at ca. Ende April – Ende Oktober

Alpengasthof & Alpencafe Eng Straße Eng 1 + 2 A-6215 Hinterriss Telefon: +43 5245-231 www.eng.at

🛏 Alpengasthof & Alpencafe Eng Straße Eng 1 + 2 A-6215 Hinterriss Telefon: +43 5245-231 www.eng.at ÜN Hund: 18 Euro/Nacht

ℹ Tourismusverband Silberregion Karwendel Münchner Straße 11 A-6130 Schwaz Tel.: +43-5242-63240 www.silberregion-karwendel.com

Almdorf Eng: www.engalm.at

✚ Dr. Ulrike Ringholz-Mörk Bahnhofplatz 5 82481 Mittenwald Tel.: 08823-5920

Auf zur Denkalm

Hundefreundlichkeit: Wasser, Schatten, Sonne, freie Flächen – all das bietet die kleine Tour zur Denkalm. Auf direktem Weg ist die Berggaststätte auch gut für Junghunde und Senioren geeignet, da nur wenige Höhenmeter überwunden werden müssen. Im Winter kann für den Rückweg auch der Schlitten genutzt werden – ideal also für die erste Rodelübung.

↔ 5,5 km

🕐 2 Std.

↕ 1073 / 724 m

Kategorie:	leicht – ganzjährig möglich
Start-Ziel:	Lenggries, Bachmaiergasse
GPS:	47°41'13.2"N 11°35'11.4"E
Markierung:	Gelbe Wegweiser „Denkalm"
Wegecharakteristik:	83 % Wanderweg – 17 % Bergwanderweg

Die gemütliche Wanderung zur Denkalm beginnt am Wanderparkplatz östlich von Lenggries. Die ersten zehn Minuten laufen wir auf der Forststraße Richtung Berg. Haben wir die **1** Brücke erreicht, führt der linke Weg direkt zum Berggasthof „Denkalm". Wir nehmen jedoch den knapp 3 km langen „Umweg" nach rechts – getreu dem Motto: Erst die Arbeit, dann das Vergnügen. Für eine gute halbe Stunde wandern wir parallel zum Tratenbach. Dann, nach 1,5 km, queren wir eine **2** Brücke und laufen gen Norden weiter bergab. Kurz danach wird der Bach zugänglich und Hunde können sich eine

Erfrischung gönnen. Nach wenigen Minuten ist eine große Kreuzung erreicht. Hier bitte leicht links halten und auf der gut ausgebauten Forststraße weiter wandern. Die gelben Wegweiser „Denkalm" sind nicht zu übersehen. Schon nach 100 m geht es erneut links ab und hinauf in den Wald. Das sehr steile Stück von etwa zehn Minuten lässt selbst Fellnasen schnaufen. Oben angekommen ist der höchste Punkt der **3** Runde (1073 m) erreicht. Der **⊙** Keilkopf liegt nordwestlich des Weges und kann über einen schmalen Waldpfad (ohne Wegweiser und Markierung) erreicht werden. Mit oder ohne

komoot, Kartendaten:
© OpenStreetMap-Mitwirkende,
CC-BY-SA

Nord

500 m

Traten bach

2

3

Keilkopf O

4

Traten bach

1

P

Bachmairgasse

Tratenbach

Tieferweg

Goethestraße

Lenggries

Am höchsten Punkt der Runde

Abstecher geht es weiter auf der Forststraße Richtung Westen. Nach einer großen Links-Rechts-Kehre wird der Wald lichter. Wir erreichen ein Feldkreuz mit schöner Aussicht. Je nach Jahreszeit können wir hier auf Schafe treffen, die eingezäunt wohl den Blick ins Isartal genießen. Nun sind es nur noch wenige Meter bis zum **4** Gasthof Denkalm. Der Abstieg erfolgt auf der Fahrstraße talwärts und ist nicht zu verfehlen. Nach etwa 30 Minuten ist der Parkplatz, der Ausgangspunkt der Tour, wieder erreicht.

Tipp

Die Denkalm ist auch als kurzer Nachmittagsspaziergang zum Kaffeetrinken am Nachmittag geeignet. Dazu hält man sich an der ersten Brücke links und erreicht den Berggasthof bereits nach 30 Minuten – ideal für junge und alte Hunde.
Durch die Osthanglage hat man relativ lange Sonne auf der Terrasse der Denkalm. Bei Schnee wird der direkte Weg zur Rodelstrecke.

Info

H mit der Bahn (BRB) bis Lenggries, von hier aus ca. 25 min Fußweg in Richtung Osten zum Wanderparkplatz (Bachmaiergasse)

P Schotterparkplatz (Bachmaiergasse)

Landesvermessungsamt Bayern Umgebungskarten, Topographisch 1: 50 000 UK50-52 Bad Tölz - Lenggries

Denkalm, Mittwoch und Donnerstag Ruhetag, www.denkalm.de

Dorfschänke Lenggries Bachmairgasse 3 83661 Lenggries www.dorfschaenke-lenggries.de

Gästehaus Isarau Ganterweg 30 83661 Lenggries/Wegscheid Tel.: 08042-3348 www.gaestehaus-isarau.de ÜN Hund: 7 Euro/Nacht

Ferienwohnung „Zum Jäger" Sylvensteinstraße 16 83661 Lenggries Tel.: 08042-3695 www.zum-jaeger.de ÜN Hund: 7 Euro/Nacht (ab 4 Nächten)

i Gästeinformation der Gemeinde Lenggries Rathausplatz 2 83661 Lenggries Tel.: 08042- 50180 www.lenggries.de

+ Dr. Andrea Wolf Isarstraße 19, 83661 Lenggries Tel.: 08042-8668 www.tierarzt-lenggries.de

Sonnige Stunden am Sonntraten

Hundefreundlichkeit: Auf dieser Tour ist man meist allein unterwegs. Kleine Wasserstellen unterwegs garantieren, dass auch im Hochsommer Fellnasen nicht zu stark ins Hecheln kommen. Schattenspendende Wälder gibt es auf der mitunter steilen Wanderung nur wenige. Abgesehen von einer Straße zu Beginn der Tour, geht es ausschließlich über Wanderwege. Ab und zu geht es an Weideflächen vorbei.

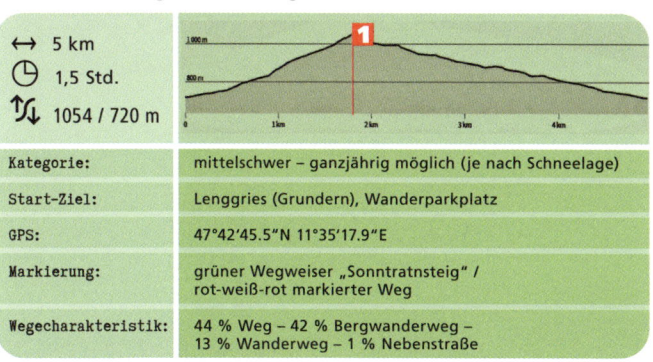

↔ 5 km	
⏱ 1,5 Std.	
⇅ 1054 / 720 m	

Kategorie:	mittelschwer – ganzjährig möglich (je nach Schneelage)
Start-Ziel:	Lenggries (Grundern), Wanderparkplatz
GPS:	47°42'45.5"N 11°35'17.9"E
Markierung:	grüner Wegweiser „Sonntratnsteig" / rot-weiß-rot markierter Weg
Wegecharakteristik:	44 % Weg – 42 % Bergwanderweg – 13 % Wanderweg – 1 % Nebenstraße

Der Wanderweg auf die Sonntraten, ein feiner Grashügel ohne wirklichen Gipfel, beginnt am westlichen Ende des Parkplatzes. An der Wegkreuzung nach etwa 150 m laufen wir weiter geradeaus und folgen nicht dem Wegweiser nach Sonntraten. Zunächst geht es gemächlich bergaufwärts am Bach entlang, doch schon bald wird der Weg steiler. An wunderschönen Weideflächen vorbei, windet sich der Weg – teilweise in Serpentinen – aufwärts. Während wir schnell an Höhe gewinnen, wird der Weg immer schmaler.

Haben wir ein kleines Waldstück erreicht, geht es im Zick-Zack weiter hinauf. Hier kann es mitunter rutschig sein: Stöcke bzw. Grödel sind daher zu empfehlen. Am Ende des Waldstücks wartet ein Bankerl mit schöner Aussicht auf uns. Nur noch wenige Meter und schon ist der 🔴1 „Gipfel" erreicht. Aufgepasst: Je nach Jahreszeit darf die Gipfelwiese nicht betreten werden. Wer Lust und Laune hat, kann auch noch den nördlich gelegenen 🔴 Schürfenkopf „besteigen". Die Aussicht vom Sonntraten

TOUR
18

Nord

komoot, Kartendaten:
© OpenStreetMap-Mitwirkende,
CC-BY-SA

500 m

Sonntratenweg

Schürfenkopf

1

Sonntratenweg

Sonntratenweg

Untermberg

P

Grundem

Untermbergstraße

Luftsprünge bei Kaiserwetter

ist jedoch besser. Besonders sehenswert sind die beiden wunderschönen alten Berghütten auf dem Grasbuckel. Nach einer Rast folgen wir dem Weg zurück bis zum Waldrand. Hier folgen wir nun dem „Sonntratenweg" nach links. Seicht bergab geht es nun für etwa 3 km an Weideflächen und saftig-grünen Wiesen vorbei. Nach einer guten Stunde erreichen wir die uns bekannte Kreuzung, halten uns links und erreichen nach wenigen Metern den Wanderparkplatz.

Hintergrund

Der Name „Traten" kommt von der charakteristischen Heckenlandschaft der Gemeinde Gaißach, welche unten im Tal gut zu erkennen ist. Wie mit dem Lineal gezogen sehen die Hecken und Baumreihen von oben aus, die früher als Abgrenzung der Weidegebiete und als Windschutz dienten. Von den Einheimischen wird dies noch immer „Traten" genannt. Diese gelten mittlerweile als Naturdenkmal.

Tipp

Mit Schneeschuhen oder Grödeln ist diese Wanderung auch im Winter gut zu machen. Vom Gipfel lässt es sich auch gut wieder ins Tal hinabrodeln.

Info

H — mit der Bahn (BRB) bis Obergries, von hier aus ca. 40 min zu Fuß in östlicher Richtung zum Wanderparkplatz in Grundern

P — Wanderparkplatz bei Grundern

Karte — Landesvermessungsamt Bayern Umgebungskarten, Topographisch 1: 50 000 UK 50-52 Bad Tölz und Lenggries

Essen —
Draxl-Alm
(Am Reiserlift)
Untermberg 15
Gaißach
Tel.: 08042-4889
www.draxl-alm.de
Mo. Ruhetag

Dorfschänke
Lenggries,
Bachmairgasse 3
83661 Lenggries
www.dorfschaenke-lenggries.de

Übernachten —
Gästehaus Isarau
Ganterweg 30
83661 Lenggries/Wegscheid
Tel.: 08042-3348
www.gaestehaus-isarau.de
ÜN Hund: 7 Euro/Nacht

Lenggrieser Bergcamping
Gilgenhöfe 4
83661 Lenggries
Telefon 08042-5640602
www.lenggrieser-bergcamping.de

i — Gästeinformation der Gemeinde Lenggries
Rathausplatz 2
83661 Lenggries
Tel.: 08042- 50180
www.lenggries.de

+ — Dr. Andrea Wolf
Isarstraße 19, 83661 Lenggries
Tel.: 08042-8668
www.tierarzt-lenggries.de

Rechelkopf – der Hausberg der Gaißacher

Hundefreundlichkeit: Hunde werden sich auf dieser Tour rundum wohlfühlen, da der Wald viel Schatten spendet und der Untergrund sehr abwechslungsreich ist - Stein- und Waldböden wechseln sich ab. Gleich zu Beginn der Tour gibt es eine größere Wasserstelle. Obwohl der Weg zum Rechelkopf teilweise recht steil ist, ist der Gipfel gemütlich in zwei Stunden erreicht. Im Sommer muss mit Weidevieh gerechnet werden.

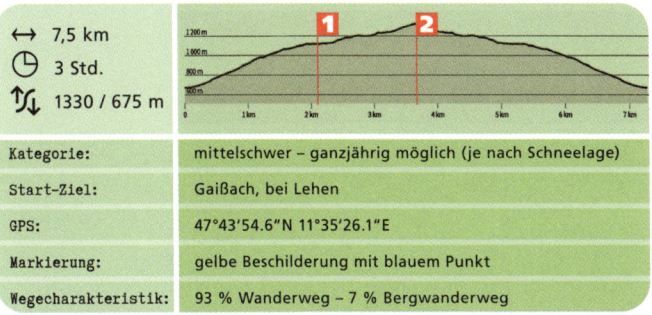

↔ 7,5 km	
⏱ 3 Std.	
⤴ 1330 / 675 m	

Kategorie:	mittelschwer – ganzjährig möglich (je nach Schneelage)
Start-Ziel:	Gaißach, bei Lehen
GPS:	47°43'54.6"N 11°35'26.1"E
Markierung:	gelbe Beschilderung mit blauem Punkt
Wegecharakteristik:	93 % Wanderweg – 7 % Bergwanderweg

Die Tour startet am Wanderparkplatz östlich von Lehen. Bereits nach wenigen Metern können Vierbeiner an einer kleinen Gumpe Wasser tanken und die Pfoten kühlen. Die Wasserstelle kommt gelegen, da gerade die ersten Meter des Weges recht steil und teilweise ausgewaschen sind. Nach zehn Minuten biegt ein schmaler Pfad in den Wald, der mit einem gelben Schild mit blauem Punkt markiert ist. Über den mit Wurzeln gesäumten Pfad geht es nach wenigen Metern auf eine große freie Wiese, die wir querfeldein passieren. Der Weg ist nicht zu verfehlen. Achtung: Im Sommer gibt es hier ❗ Weidevieh. Bei guten Bedingungen starten auf der Wiese auch schon mal ein paar Paraglider, um den schönen Blick auf Tölz zu genießen. Ein altes Bankerl lädt zum Verschnaufen ein. Der Pfad wird schon bald etwas steiler, Wald und Lichtungen wechseln sich ab. Nach etwa einer Stunde Gehzeit wird der Abzweig zur unbewirtschafteten ❶ Schwaigeralm erreicht. Diese lassen wir links liegen und folgen weiter geradeaus dem Forstweg Richtung

TOUR
19

Sigrizalm

Rechelkopf

2

Sulzberg

Schwaigeralm

1

Schwarzköpfl

Sonntratzenweg

Schürfenkopf

Hochfilzen

Nord

komoot, Kartendaten:
© OpenStreetMap-Mitwirkende,
CC-BY-SA

1 km

Sanfter Aufstieg über saftiges Grün

„Rechelkopf/Sigriz". Kurz danach passieren wir eine große Lichtung und wandern rechts an einem Holzschuppen vorbei. Durch ein Drehkreuz hindurch geht es weiter gerade in den Wald hinein. Dank der guten Beschilderung ist der Weg nicht zu verfehlen. Der Pfad ist nun mit Stufen befestigt und zieht sich etwas, bis der Gipfel – eher ein Grasbuckel – erreicht ist. Hund und Halter werden dennoch ihren Spaß haben, da man auf den schattigen Wegen nur selten auf „Gegenverkehr" trifft. Nach insgesamt 3,5 km treten wir aus dem Wald und der **2** Rechelkopf mit seinem beachtlichen Gipfelkreuz ist erreicht. Die selbst mitgebrachte Brotzeit schmeckt hier oben hervorragend, denn die Aussicht kann sich sehen lassen – das ganze Alpenvorland, bis zum Wendelstein liegt vor uns. Der Abstieg erfolgt auf dem gleichen Weg wie der Aufstieg.

Tipp

Am Besten vor oder nach der Almsaison gehen – dann ist man ohne jegliches Weidevieh unterwegs. Schon nach wenigen Minuten hat man einen schönen Blick über das Isartal zum Blomberg und nach Bad Tölz. Eine Erweiterung bis zum 1279 m hohen Sulzberg ist möglich (etwa auf halber Strecke des Auf- bzw. Abstieges).

Info

🚌 mit der Bahn (BRB) bis Gaißach, dann eine gute halbe Stunde zu Fuß nach Lehen, anschließend der Dorfstraße nach Osten folgen

🅿 Parkplatz östlich von Lehen

🗺 Landesvermessungsamt Bayern Umgebungskarten, Topographisch 1: 50 000 UK50-52 Bad Tölz - Lenggries

🛏 Lenggrieser Bergcamping Gilgenhöfe 4 83661 Lenggries Telefon 08042-5640602 www.lenggrieser-bergcamping.de

Gästehaus Isarau Ganterweg 30 83661 Lenggries/Wegscheid Tel.: 08042-3348 www.gaestehaus-isarau.de ÜN Hund: 7 Euro/Nacht

Ferienwohnung „Zum Jäger" Sylvensteinstraße 16 83661 Lenggries Tel.: 08042-3695 www.zum-jaeger.de ÜN Hund: 7 Euro/Nacht (ab 4 Nächten)

ℹ Tourismus Bad Tölz Max-Höfler-Platz 1 83646 Bad Tölz Tel.: 08041-78670 www.bad-toelz.de

✚ Ulrike Vögele Gaissacher Straße 8 83646 Bad Tölz Tel.: 08041-41104 www.tierarzt-toelz.de

Hoch über dem Isartal: Seekarkreuz mit Lenggrieser Hütte

Hundefreundlichkeit: Diese Tour stellt für fitte Hunde kein Problem dar. Während die Wege im unteren Teil meist schattig sind, ist der Gipfelbereich des Seekarkreuzes recht sonnenexponiert. Trittsicherheit ist an einigen Stellen von Vorteil. Wasserstellen gibt es während des ersten Teils der Wanderung entlang des Hirschbachs ausreichend. Auf Höhe der Seekar-Alm ist mit Weidevieh und Pferden zu rechnen. Letztere sind Hunden manchmal etwas unfreundlich gesinnt.

↔ 13 km		
◷ 4,5 Std.		
⇅ 1601 / 711 m		
Kategorie:	mittelschwer – Frühjahr bis Herbst (je nach Schneelage)	
Start-Ziel:	Lenggries, Hohenburgstraße	
GPS:	47°40'16.6"N 11°35'31.5"E	
Markierung:	weiße Beschilderung	
Wegecharakteristik:	52 % Bergwanderweg – 48 % Wanderweg	

Viele Wege führen zur Lenggrieser Hütte. Wir nehmen den Aufstieg über das Hirschbachtal und den Abstieg über den Grasleitensteig. Dazu starten wir die Tour am Parkplatz in der Hohenburgstraße. Hier weist die weiße DAV-Beschilderung („Sulzersteig Lenggrieser Hütte") bereits den Weg Richtung Osten. Über Weideflächen geht es anfangs mehr flach als aufwärts geradeaus. Wir folgen dem Forstweg bis nach etwa 1,5 km der Wald erreicht wird. Wenig später passieren wir eine Versorgungshütte und einen großen Wendekreis. Wir folgen weiter dem Verlauf des Hirschbaches, bis wir zu einer **1** Brücke kommen. Hier wandern wir rechts den Fahrweg empor. Nach etwa zehn Minuten ignorieren wir die Abzweigung nach links und folgen dem schmalen Fußweg entlang des Baches. Nun geht es in unzähligen Serpentinen auf einem wunderschön-romantischen

TOUR 20

Nord ←
komoot, Kartendaten:
© OpenStreetMap-Mitwirkende,
CC-BY-SA

1 km

Brandkopf

Seekarkreuz **4**

Lenggrieser
Hütte

Schlagkopf

Pferde

2

3

Grasleitenkopf

Stickelalm

1

Grasleitenstein

Markeck

Herrnköpfl

5

Hohen-
burger
Weiher

P

Lenggries

B 13

Isar

Die Hälfte des Aufstiegs ist schön schattig

Wanderweg in den Bergwald hinein. Nach einer knappen Stunde treten wir aus dem Wald heraus und erreichen die **2** Seekar-Alm mit Weidevieh und manchmal nicht ganz freundlichen **!** Pferden. Wer besonders temperamentvolle Hunde hat, sollte sich unter Umständen rechts am Waldrand halten und die Fellnasen zu sich nehmen.

Aber keine Panik: Bereits nach zehn Minuten ist die **3** Lenggrieser Hütte schon erreicht. Wer lieber gleich zum hausgemachten Käsekuchen übergehen mag, kann hier getrost auf die Gipfelstürmer warten. Der Aufstieg zum Seekarkreuz ist allemal lohnend, zieht sich aber etwas in die Länge. Zunächst geht es eine knappe Stunde

Schneereste im Vordergrund, dahinter das Seekarkreuz

auf dem „Promenadeweg" durch den Wald, das letzte Stück bis zum Gipfel wandern wir über einen Grasrücken. Nach insgesamt 876 Höhenmetern ist das **4** Seekarkreuz, mit seinem großen, freistehenden Gipfelkreuz bezwungen. Von hier aus hat man eine schöne Sicht auf den Hirschberg im Osten. Hat man die Aussicht genossen, erfolgt der Abstieg bis zur Hütte auf bekanntem Weg. Nach der verdienten Einkehr geht es über den

Grasleitensteig abwärts. Der Einstieg ist hinter der Hütte rechter Hand zu finden. Über buchstäblich Stock und Stein führt der schöne Pfad abwärts. Nach 15 Minuten gelangen wir auf eine neue Fahrstraße, die einem den Schauder über den Rücken fahren lässt. Dem Holzschlag wurde hier offensichtlich der Vorzug gegeben. Vom einstigen Wanderweg ist nicht mehr viel zu sehen und wenn, dann wurde er mit Steinen überschüttet. Hoffentlich wird dieser in Zukunft wieder hergestellt. Gott sei Dank ist der Ärger nur von kurzer Dauer, denn nach weiteren 15 Minuten ist der Schrecken vorbei. Der Pfad ist wieder zu erkennen und führt weiter geradeaus. Schon bald lichtet sich der Wald und der Weg wird wieder flacher. Vorbei an einem großen Anwesen, dem **5** Tradlerhof, folgen wir der Straße und die ersten Häuser kommen in Sicht. Wir passieren wunderschöne, alte Bauernhöfe und erreichen nach knapp 1 km den Parkplatz, unseren Ausgangspunkt. Kurz vor dem Parkplatz können sich Fellnasen im Hirschbach ihre verdiente Pfotenkühlung abholen.

Tipp

Wer während der Weidesaison auf Nummer sicher gehen und keinen Kühen und Pferden begegnen möchte, der nimmt den beschriebenen Abstieg auch als Aufstieg. Hierfür hält man sich am Parkplatz gen Süden, überquert die Brücke und wandert in Richtung Mühlbach.

Info

H mit der Bahn (BRB) bis nach Lenggries, weiter zu Fuß oder mit dem Bus 9564 bzw. 9553 zur Haltestelle „Hohenburg Schule"

P Schotterparkplatz, Hohenburgstraße

Landesvermessungsamt Bayern Umgebungskarten, Topographisch 1: 50 000 UK 50-52 Bad Tölz und Lenggries

Ψ Lenggrieser Hütte Seekaralm 2 83661 Lenggries 08042/5633096, 01758440191 www.lenggrieserhuette.de

Dorfschänke Lenggries Bachmairgasse 3 83661 Lenggries, www. dorfschaenke-lenggries.de

Lenggrieser Hütte Seekaralm 2 83661 Lenggries 08042/5633096, 01758440191 www.lenggrieserhuette.de ÜN Hund nach Voranmeldung

Gästehaus Isarau Ganterweg 30 83661 Lenggries/Wegscheid Tel.: 08042-3348 www.gaestehaus-isarau.de ÜN Hund: 7 Euro/Nacht

i Gästeinformation der Gemeinde Lenggries Rathausplatz 2 83661 Lenggries Tel.: 08042-50180 www.lenggries.de

+ Dr. Andrea Wolf Isarstraße 19, 83661 Lenggries Tel.: 08042-8668 www.tierarzt-lenggries.de

Kraxelpartie auf den Roßstein

Hundefreundlichkeit: Anspruchsvolle und abwechslungsreiche Wanderung mit einigen Wasserstellen. Die untere Hälfte ist meist sehr schattig. Der obere Teil ist sonnenexponiert und auf Hund und Halter warten ein paar Kletterpartien. Während der Aufstieg zum Buchstein für Hunde ungeeignet ist (Kletterpassagen sind für Hunde nicht zu bewältigen), lässt sich der Roßstein bei trockener Witterung gut besteigen – Trittsicherheit und Schwindelfreiheit vorausgesetzt. Der Ausblick hier oben ist grandios. Um die Buchsteinhütte gibt es Weideflächen.

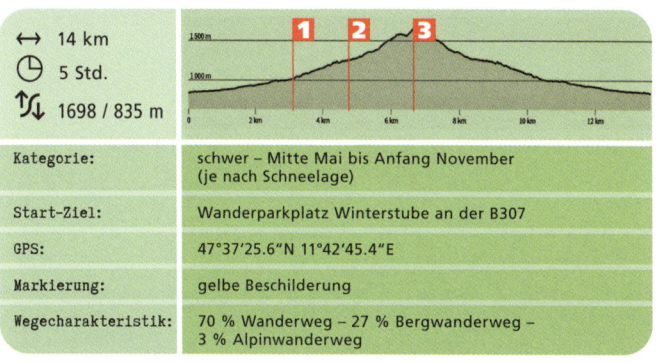

↔ 14 km	
⏱ 5 Std.	
↗↘ 1698 / 835 m	

Kategorie:	schwer – Mitte Mai bis Anfang November (je nach Schneelage)
Start-Ziel:	Wanderparkplatz Winterstube an der B307
GPS:	47°37'25.6"N 11°42'45.4"E
Markierung:	gelbe Beschilderung
Wegecharakteristik:	70 % Wanderweg – 27 % Bergwanderweg – 3 % Alpinwanderweg

Die Tour startet östlich des Roßsteins am Wanderparkplatz an der B 307. Vom Parkplatz geht es etwa 5 Minuten gemächlich taleinwärts auf der Forststraße entlang. An der Holzbrücke über den Schwarzenbach verlassen wir die Straße, halten uns links und folgen dem Wegweiser Richtung „Roß –und Buchstein". Der Weg steigt nur mäßig an und führt für die nächsten knapp 3 km am Bach entlang. Nach etwa 45 Minuten erreichen wir eine

1 Kreuzung mit Picknick-Unterstand. Hier verlassen wir den Schwarzenbach und biegen zweimal kurz hintereinander links ab. Ein schmaler Pfad führt uns hinauf in den Wald. Ein Wegweiser gibt die weitere Zeitplanung vor: 1,5 Stunden bis zur Tegernseer Hütte. Auf dem Weg dahin gewinnt man schnell an Höhe und die ersten Schweißtropfen fließen. Die Forststraße wird ein paarmal gequert. An der dritten Wegquerung geht es ein kurzes Stück

Nord

komoot, Kartendaten:
© OpenStreetMap-Mitwirkende,
CC-BY-SA

1 km

Weißbach

B-307

P

Schwarzenbach

Bucher Wand

1

Friedbergkopf

Bucheralm

Weidevieh

2

Buchsteinhütte

5

Buchstein

Gitterrost-
treppe

Absturzgefahr

3

Tegernseer
Hütte

4

Roßstein

Sonnberg
Alm

Roßsteinalm

Der Weg zur Tegernseer Hütte ist teilweise felsig und rutschig

nach rechts und dann gleich wieder nach links. Auf dem neu angelegten Fahrweg wandern wir weiter Richtung Buchsteinhütte. Am Weidegatter die Hunde unbedingt anleinen: Ab hier beginnt der ⚠ Weidebetrieb. Kurz darauf ist der Blick auf Roß- und Buchstein das erste Mal frei. An der 2

Abzweigung (Wegweiser „Tegernseer Hütte") wandern wir geradeaus bzw. leicht links auf dem schmalen Steig in den Wald hinein. Über die Weiden ist der Weg oft etwas „bazig" (rutschig), aber nicht zu verfehlen. Schon bald wird der Weg felsiger und steiler. Große Felsstufen erfordern für Hund und

Gefährliche Wegstrecke

A.V. Tegernsee

Der Blick von der Terasse der Tegernseer Hütte zum Roßstein.
Von hier sind es nur noch 10 Minuten

Halter etwas Kletterei und Trittsicherheit. Aufgepasst: Bei nasser Witterung sind die teilweise schon rund gekletterten Felsen 🟨 rutschig. Für den letzten Anstieg geht es im Zick-Zack steil bergan und die 3 Tegernseer Hütte rückt immer näher. Oben angekommen trennt uns nur noch eine 🟨 Gitterrosttreppe vom Kaiserschmarrn. Nach der Stärkung lassen wir den Buchstein linker Hand liegen (Aufstieg ist nicht für Hunde geeignet), überqueren die Terrasse und steigen die wenigen Meter über den Grat zum Roßstein hinauf. Wer die Kletterei unten gemeistert hat, dürfte hier oben auch keine Probleme haben. Trittsicherheit und trockener Fels sollten jedoch unbedingt gegeben sein. Nach zehn Minuten ist der 4 Roßteingipfel erreicht und der Blick reicht über das gesamte Karwendel bis zur Zugspitze und den gesamten Alpenhauptkamm. In Richtung Norden kann man bei gutem Wetter bis nach München schauen. Der Abstieg erfolgt auf gleicher Route wie der Aufstieg, jedoch ist eine Einkehr in der 5 Buchsteinhütte zu empfehlen.

Tipp

Im Winter ist der Aufstieg Roßsteingipfel nicht zu empfehlen. Ganzjährig machbar ist die Tour allerdings bis zur Buchsteinhütte, in der Hunde jedoch nicht geduldet werden. Hierzu an der Abzweigung nicht gerade aus, sondern rechts der Fahrstraße folgen. In 5 Minuten ist man bereits an der Hütte. Von der Sonnenterrasse hat man einen schönen Blick auf die Gipfelbrüder Roß- und Buchstein. Je nach Schneelage ist die Rodelbahn präpariert.

Info

🚌	Mit der Bahn (BRB) bis nach Tegernsee, weiter mit dem Bus 9550 Richtung Achensee bis Haltestelle „Klamm"
🅿	Wanderparkplatz Winterstube (neben der B 307)
🗺	Landesvermessungsamt Bayern Umgebungskarten, Topographisch 1: 50 000 UK 50-53 Mangfallgebirge
🍴	Tegernseer Hütte 0175 4115813 2. Maiwochenende – 1. Novemberwochenende, www.tegernseerhuette.de Buchsteinhütte Tel.: 08029-244 www.buchsteinhuette.de Öffnungszeiten: Siehe Webseite Hunde sind er Gaststube nicht erlaubt
🛏	Hotel zur Post Nördl. Hauptstraße 5-7 83708 Kreuth Tel.: 08029-99550 www.hotel-zur-post-kreuth.de ÜN Hund: 10 Euro/Nacht
ℹ	Tourist-Information Kreuth Nördliche Hauptstraße 3 83708 Kreuth Tel.: 08029-9979080 www.kreuth.de
✚	Dr.med.vet. Tina von Block Münchener Str. 39 83707 Bad Wiessee 08022/99478

GOTT SCHÜTZE UNSERE HEIMAT

Hirschberg, der markante Berg am Tegernsee

Hundefreundlichkeit: Der markante Hirschberg ist für Hunde nur zwischen April und Oktober empfehlenswert, da Teile der Strecke im Winter Rodelbahnen sind. Außerdem herrscht im Winter mitunter Lawinengefahr. Ansonsten stellt die Tour Hund und Halter vor keine großen Probleme. Natürliche Wasserstellen gibt es nur zu Beginn der Tour. Im Hirschberghaus sind Hunde nur auf der Terrasse erlaubt. Mit Weidevieh und Autoverkehr muss beim Einstieg der Tour gerechnet werden. Auf den letzten Kilometern müssen sich Zwei- und Vierbeiner den Weg mit Mountainbikern teilen.

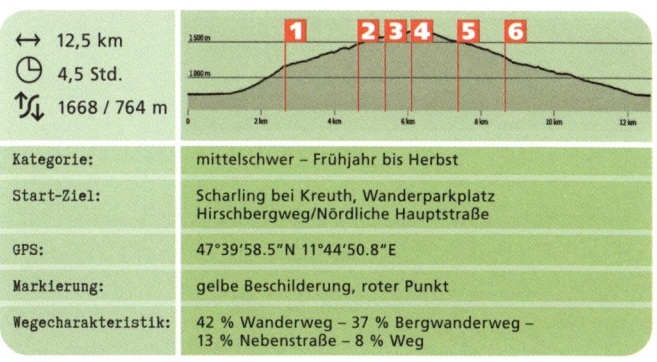

↔	12,5 km
⏲	4,5 Std.
↗↘	1668 / 764 m

Kategorie:	mittelschwer – Frühjahr bis Herbst
Start-Ziel:	Scharling bei Kreuth, Wanderparkplatz Hirschbergweg/Nördliche Hauptstraße
GPS:	47°39'58.5"N 11°44'50.8"E
Markierung:	gelbe Beschilderung, roter Punkt
Wegecharakteristik:	42 % Wanderweg – 37 % Bergwanderweg – 13 % Nebenstraße – 8 % Weg

Los geht es am Parkplatz nahe des Wiesengrabens. Ein Wegweiserbaum kurz hinter dem Parkplatz zeigt bereits die Richtung zum Rauheckweg. Auf den gelben Wanderschildern mit einem roten Punkt ist der Weg zum Hirschberg auch schon ausgewiesen. Den Markierungen folgend, geht es zunächst auf der kleinen Straße am Bach entlang. Sollten sich Bello & Co. noch mal erleichtern, gibt es vor Ort sogar eine Tütenstation. Wegen des Weidebetriebs und Straßenverkehrs sind Hunde bis zum Lift unbedingt an der kurzen Leine zu führen. Nach etwa 15 Minuten gemütlichen Spaziergangs durch die Gemeinde geht es nach rechts in den Bachlerweg. Hier folgen wir weiter der gelben Beschilderung. Kurz darauf ist der Parkplatz

Weißach

Scharling

Kreuth

dliche Hauptstraße

P

Bachlerweg

Hirschberg-Schlepplift

1

Reitköpfl

Holzpointalm

Kotlahner-
kopf

Radfahrer

2

Lawinen-
gefahr

Weidberg-
Alm

Kratzer

6

3

Hirschberg-
Vorgipfel

5

Silberkopf

4

Hirschberg

Silbereck

Durch Latschen und über Schneefelder dem Gipfel entgegen

vom Skilift erreicht. Alternativ kann man auch hier die Wanderung beginnen. Über den Parkplatz hinweg und rechts am Waldrand entlang schlängelt sich der Weg erst leicht, später deutlich steiler den Hang hinauf, der im Winter als Skipiste genutzt wird. Auf Grund der Südlage ist der Hang meist früh in der Saison schneefrei. Nach gut 45 Minuten ist der steilste Abschnitt geschafft. Oben am Hang folgen wir dem **1** Wegweiser Richtung „Hirschberg". An der Kreuzung,

die kurz darauf folgt, halten wir uns rechts auf der Forststraße und folgen dieser bis zu einer Schranke. Hier biegen wir rechts in den Wald ab und wandern auf einem schönen Pfad weiter bis zur **2** Rauheckalm. Diese lassen wir links liegen und steigen hinauf auf den Bergrücken unterhalb des Vorgipfels. Hat es im Winter viel geschneit, kann hier durchaus **!** Lawinengefahr bestehen. Von hier oben hat man zum ersten Mal freie Sicht zum Tegernsee. Vor uns zeigt sich

Piero ist entzückt

der vermeintliche Hirschberggipfel – es ist aber leider „nur" der Skigipfel. Wir wandern weiter über den breiten Rücken direkt auf den Skigipfel zu, biegen aber vor der großen Steigung leicht rechts auf den Trampelpfad in die Latschen ab und umgehen so den Vorgipfel. Nach wenigen Minuten ist bereits das Hirschberghaus in nördlicher Richtung zu sehen. Bevor wir dort einkehren, „erklimmen" wir jedoch noch den Hirschberg. Auf den **3** Hauptweg stoßend, biegen wir dazu nicht rechts sondern nach links ab.

Knapp 1 km geht es nun durch lichten Wald und über den breiten Bergrücken auf und ab zum **4** Hirschberggipfel. Die Sicht von hier ist beeindruckend und reicht bis ins Rofan und zu den Blaubergen, im Südwesten ist bei guter Sicht die spektakulär liegende Tegernseer Hütte mit Roß- und Buchstein zu erkennen. Der Hirschberggipfel mit Kreuz und Bankerl lädt zu einer Pause ein. Wem der Sinn jedoch mehr nach Weißbier steht, sollte die Rast noch etwas hinauszögern und sich auf den Weg zum **5** Hirschberghaus machen.

Hier sind Hunde nur auf der Terrasse geduldet. Der Weg führt uns zurück zur **3** Abzweigung und dann weitere 400 m in Richtung Norden. Nach einer Stärkung machen wir uns auf den Rückweg. Am Haus sind zwei Wege hinab ausgeschildert: ein Sommer- und ein Winterweg. Der Winterweg ist ein wenig anspruchsvoller und steiler und an manchen Stellen mit Drahtseilen gesichert. Wir nehmen daher den Sommerweg. Nach knapp 1 km erreichen wir die **6** Hirschlache, wo der Pfad auf eine Forststraße trifft. Wir halten uns leicht rechts und treffen nach etwa 400 m erneut auf eine Straße, der wir talwärts folgen. Vorsicht: Im Sommer sind hier **H** Mountainbiker anzutreffen – im Winter ist die Straße eine Rodelbahn. Der etwa 3 km lange Abstieg ist relativ moderat und schnell geschafft. Wir folgen der Straße weiter Richtung Osten und kommen so zurück zum Ausgangspunkt unserer Wanderung.

Tipp

Wer nach der Tour noch Muße hat und seinen vierbeinigen Begleiter etwas Besonderes bieten will, fährt zum Hundestrand des Tegernsees. Der Strand befindet sich in Bad Wiessee hinter dem Medical Park. Das Auto am besten am Parkplatz beim Badestrand stehenlassen und dann am Zaun zwischen Klinikanlage und Strand bis zum See laufen. Hier ist das Baden für Mensch und Tier erlaubt und man hat einen herrlichen Blick auf das Bräustüberl. Auch einen Besuch wert ist die Naturkäserei Tegernseerland in Kreuth direkt neben der B 307. Achtung: An Wochenenden und bei schönem Wetter ist hier leider der Stau vorprogrammiert.

Info

H	mit der Bahn (BRB) bis Tegernsee, weiter mit Bus 9556 Richtung Wildbad Kreuth bis Haltestelle „Hirschbergweg"
P	kleiner Schotterparkplatz (Hirschbergweg/ Nördliche Hauptstraße)
🗺	Landesvermessungsamt Bayern Umgebungskarten, Topographisch 1: 50 000 UK50-53 Mangfallgebirge (Tegernsee, Schliersee, Rosenheim, Holzkirchen)
🍴	Hirschberghaus www.hirschberghaus.de Tel.: 08029-465 Di. Ruhetag, Hunde nur auf Terrasse erlaubt
	Fischerei Bistro Überfahrtweg 15, 83707 Bad Wiessee, Tel.: 08022-857495 www.fischerei-tegernsee.com Mi. – So. (11 – 17 Uhr) geöffnet
▬	Hotel zur Post Nördl. Hauptstraße 5-7 83708 Kreuth Tel.: 08029-99550 www.hotel-zur-post-kreuth.de ÜN Hund: 6 Euro/Nacht
i	Tegernseer Tal Tourismus GmbH Hauptstraße 2 83684 Tegernsee Tel.: 08022-927380 www.tegernsee.com
✚	Dr. Sabine Gordon Schildensteinweg 6 83700 Rottach-Egern Tel.: 08022-67676 Mobil: 0151-12744441 www.kleintierpraxis-rottach-egern.de

Aueralm – Der „schnelle" Klassiker zu jeder Jahreszeit

Hundefreundlichkeit: Die Wanderung zur Aueralm ist eine sehr hundefreundliche Strecke. Die Route verläuft fernab vom Straßenverkehr – lediglich die Almwirte fahren ab und zu mit ihren Fahrzeugen den Forstweg entlang. Fast bis zur Alm verläuft die Wanderung parallel zum Zeiselbach – Wasser ist also reichlich vorhanden. Kurz vor der Aueralm grast im Sommer Weidevieh. Die Wanderung ist auch im Winter ohne Probleme machbar. Schnee ist garantiert, da nur wenig Sonne auf den Weg trifft.

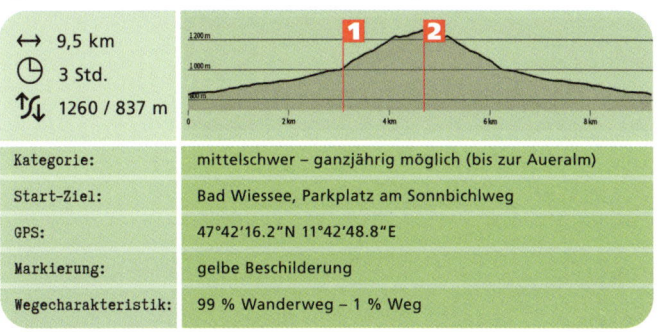

↔	9,5 km
🕐	3 Std.
↕	1260 / 837 m

Kategorie:	mittelschwer – ganzjährig möglich (bis zur Aueralm)
Start-Ziel:	Bad Wiessee, Parkplatz am Sonnbichlweg
GPS:	47°42'16.2"N 11°42'48.8"E
Markierung:	gelbe Beschilderung
Wegecharakteristik:	99 % Wanderweg – 1 % Weg

Der Einstieg zu dieser leichten Tour befindet sich westlich des Parkplatzes vom Hotel Sonnenbichl. Wir überqueren den Zeiselbach über eine Holzbrücke und folgen dem Wegweiser Richtung „Aueralm". Auf der breiten Forststraße geht es für die ersten 3 km gemächlich bergauf. Der Zeiselbach zur Linken führt das ganze Jahr Wasser und bietet eine willkommene Abkühlung an heißen Sommertagen.

Der Bach ist unser ständiger Begleiter auf der Tour und erspart uns die Wasserflasche für den Hund. Etwa nach der **1** Hälfte des Aufstieges führt der Weg durch zwei alte Hütten und der Zeiselbach wechselt nach rechts. Während bis hier vereinzelt die Almwirte mit ihren Autos unterwegs sind, wird der Weg danach schmaler und führt deutlich steiler bergab. Ist ein Wegweiser und eine scharfe Linkskurve

TOUR
23

Tegernsee

Wiesseer Straße

Sanktjohanserstraße

Sonnenbichlweg

Bad Wiessee

Zwergelberg

Semmelberg

Auereck

Zeiselbach

Waxlmoos-Alm

1

Aueralm 2

Nord

1 km

Fockenstein

Schneebedeckte Wiesen vor der Aueralm

in Sicht, wird es wieder etwas flacher. Nach wenigen Metern erreicht man eine große Almwiese, auf der im Sommer Weidevieh zu Hause ist. Wir folgen dem Weg leicht nach rechts und die **2** Aueralm kommt in Sicht. Die Alm war bis vor wenigen Jahren noch ganz einfach und ursprünglich bewirtschaftet. Heute haben sich die gastronomischen Standards geändert und sie ist ein beliebtes Ausflugsziel geworden. Das einfache Leben auf der Alm erkennt man jedoch auch heute noch gut in der Wirtsstube und an den Toiletten – als Spülung dient nach wie vor eine Gießkanne. Die

Schattige Wege im Abstieg

große Sonnenterrasse und ein schöner Ausblick auf die Tegernseer Berge belohnen für die Mühen des Aufstiegs. Wer noch nicht genug hat, kann auch noch einen Gipfel besteigen: Direkt hinter der Aueralm, in südwestlicher Richtung, befindet sich der ⊙ Fockenstein (1564 m) bereits in Sichtweite. In etwa einer Stunde ist er zu erreichen. Wir folgen dazu dem ebenen Weg an der Alm vorbei, der später zu einem schmalen Pfad wird und bis zum Gipfel ansteigt. Bergab geht es auf gleichem Weg, an der Aueralm vorbei, zurück zum Parkplatz.

Tipp

Zurück im Tal lädt der Tegernsee mit seinen berühmten Uferpromenaden zum Flanieren und Eis essen ein. In Bad Wiessee gibt es auch einen Hundestrand, wo das Baden für Zwei- und Vierbeiner erlaubt ist (direkt hinter dem Medical Park, ausgeschildert und eingezäunt). Auf der anderen Uferseite gelegen, ein „Muss" für jeden Besucher: Das Bräustüberl in Tegernsee. Berühmt für sein Bier und die Schweinshax'n.

Hintergrund

Leichte Wanderung für das ganze Jahr. Im Winter sind je nach Schnee (nur bis Aueralm) Grödel oder Schneeschuhe empfehlenswert. Abfahrt mit Schlitten/Zipflbob möglich, doch Vorsicht: Abfahrt = Aufstiegsroute! Alternative Abfahrt über die Skitourenabfahrt. Nur bedingt empfehlenswert, da im unteren Teil der Lift des Skizentrums Sonnenbichl mit Skibetrieb zu finden ist. Auch als Feierabend-Tour geeignet: Die Aueralm geeignet: Mittwochs bis 22 Uhr geöffnet, lockt das allerdings oft viele Wanderer an.

Info

H mit der Bahn (BRB) bis Gmund oder Tegernsee, weiter mit Bus 9551 oder 9557 bis Haltestelle „Söllbach" anschließend weiter zu Fuß Richtung Westen zum Parkplatz am Sonnenbichlweg

P großer Schotterparkplatz am Sonnbichl

⚐ Landesvermessungsamt Bayern Umgebungskarten, Topographisch 1: 50 000 UK 50-53 Mangfallgebirge

🍴 Aueralm Tel.: 08022-83600 www.aueralm.de Öffnungszeiten siehe Webseite

🛏 Tegernseetraum Meta-Gadesmann-Straße 5 83700 Rottach-Egern 0176-62203553 www.tegernseetraum-ferienhaus.de

Schnitzer's Dahoam Hirschbergstraße 14 83707 Bad Wiessee 08022 9855-0 www.schnitzers-dahoam.de

i Tegernseer Tal Tourismus GmbH Hauptstr. 2 83684 Tegernsee 08022 92738-0 www.tegernseer-tal-tourismus.de

✚ Dr.med.vet. Tina von Block, Münchener Str. 39 83707 Bad Wiessee. 08022/99478

Auf königlichen Spuren zur Königsalm

Hundefreundlichkeit: **Eine schöne Wanderung: Entlang der Weißach gibt es immer wieder Wasserstellen, die der Erfrischung an heißen Tagen dienen. Der Auf- und Abstieg ist trotz mitunter steiler Passagen für Hunde gut zu bewältigen. Die Pfade im Bergwald sind schattig, im Bereich der Almen ist es sonniger. Außerdem ist auf Weidevieh zu achten. Auch Radfahrer kreuzen mitunter den Weg. Im Winter ist die Tour nicht zu empfehlen, da der Abstiegspfad bei Schnee zur Naturrodelbahn wird.**

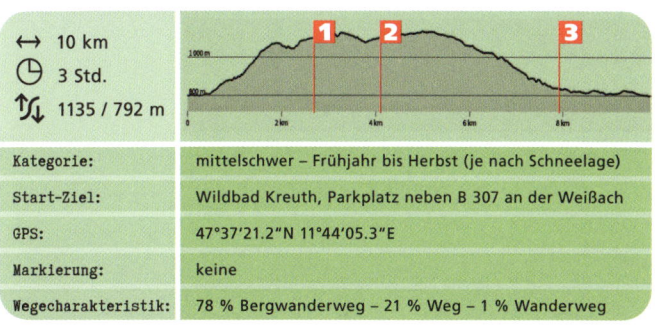

↔	10 km
⏰	3 Std.
↕	1135 / 792 m

Kategorie:	mittelschwer – Frühjahr bis Herbst (je nach Schneelage)
Start-Ziel:	Wildbad Kreuth, Parkplatz neben B 307 an der Weißach
GPS:	47°37'21.2"N 11°44'05.3"E
Markierung:	keine
Wegecharakteristik:	78 % Bergwanderweg – 21 % Weg – 1 % Wanderweg

Die Runde startet direkt am Parkplatz. Zunächst geht es über die Weißach-Brücke in das Tal der Hofbauernweißach in Richtung „Siebenhütten". Nach 300 m biegt rechts ein Weg ab. Der Wegweiser zeigt in Richtung „Geißalm/Königsalm". Während die ersten Meter noch recht flach sind, wird der Weg im weiteren Verlauf immer steiler. Er zieht sich für etwa 1,5 km in einigen Kehren durch den Wald bergauf. Wird der Wald lichter, begegnen wir den ersten █ Weideflächen

und der Weg wendet sich in Richtung Süden. In moderater Steigung ist die █ Geißalm auf 1113 m kurz darauf erreicht. Die private Alm thront auf der Lichtung über dem wilden Klammgraben. Kurz nach der Geißalm teilt sich der Weg. Wir halten uns rechts und folgen dem Wegweiser Richtung Königsalm. Nach etwa einer halben Stunde ist die █ Alm erreicht. Diese ist zur Almsaison einfach bewirtschaftet und bietet wechselnde Gerichte zu günstigen Preisen. Alle Zutaten

Nord

komoot, Kartendaten:
© OpenStreetMap-Mitwirkende,
CC-BY-SA

1 km

B 307

Weißach

Wildbad
Kreuth

P

3

Weidevieh

Gernbergkopf

Hoher
Gernberg

Siebenhütten

1

Klammberg

Rasserringkopf

Königsalm 2

Wolfsschlucht

Schildenstein

Deutschland

Österreich

Selten: Extra Weg neben dem Weiderost

stammen aus der Region bzw. werden sogar auf der Alm selbst angebaut. Nach einer Stärkung machen wir uns auf den Heimweg. Dazu wandern wir an dem Langbau der Alm vorbei. Für knapp 1 km geht es für Hund und Halter Richtung Norden. Erreichen wir den Waldrand, führt der Weg steil talwärts. Im Winter wird diese Strecke zur Rodelbahn. 2 km und mehrere Kehren später erreichen wir wieder die Weißach. Am **3** Rodelverleih halten wir uns rechts und wandern entlang des Baches im gemütlichem Auf und

Kaltes, klares Wasser: Tränke an der Königsalm

Ab zurück zum Parkplatz. Entlang des Weges gibt es immer wieder schöne Zugänge zum Wasser. Nach einer halben Stunde sind wir wieder am Ausgangspunkt der Tour. Wer noch kann, sollte an der uns bekannten Brücke vor dem Parkplatz wieder rechts abbiegen und dann immer geradeaus entlang der Hofbauernweißach zur ⬤ Almwirtschaft Siebenhütten laufen. Der Weg (Achtung: Anfangs ❗ Autos und Radler) ist gut ausgebaut und beschildert. In einer knappen halben Stunde ist man an diesem urigen Fleckchen Erde angekommen. Wandert man hier weiter in südlicher Richtung, gelangt man in die ⬤ Wolfsschlucht, die ebenfalls sehr empfehlenswert ist.

Tipp

Um in die Wolfsschlucht zu gelangen, geht es ab Siebenhütten immer weiter taleinwärts Richtung Süden. Nach einer guten Stunde über Stock und Stein – teilweise auch durch das Flussbett – erreicht man schließlich die Schlucht mit ihren hohen Felswänden. Hier ist für Hunde Schluss, da der weitere Weg zum Schildenstein (1613 m) und den Blaubergen steil ist und anspruchsvolle Kletterpassagen bereithält.

Hintergrund

Das sogenannte Kavalierhaus der Königsalm wurde 1818 vom Bayernkönig Maximilian I. errichtet und liegt auf einer schönen Hochfläche vor den Blaubergen. Der langgestreckte Holzbau daneben stammt aus dem Jahr 1723 und ist die größte historische Almhütte im Landkreis Miesbach. Der König selbst soll öfters hier oben gewesen sein.

Info

🅷 mit der Bahn (BRB) bis Tegernsee, weiter mit Bus 9556 bis Wildbad Kreuth, anschließend dem Fußweg zum Gasthaus „Altes Bad" folgen (kurz dahinter trifft man auf den Wanderweg)

🅿 Parkplatz zwischen der B 307 und der Weißach

🗺 Landesvermessungsamt Bayern Umgebungskarten, Topographisch 1: 50 000 UK 50-53 Mangfallgebirge

🍴 Königsalm geöffnet ca. Anfang Juni–Ende September Dienstag Ruhetag, 0151 50112686 www.tegernsee.com/ a-koenigsalm

Siebenhütten, Siebenhütten 1 83708 Kreuth Tel: +49 151 1204 3909 www.tegernsee.com/ a-siebenhuetten Mai - Oktober geöffnet (je nach Schneelage)

🛏 Hotel zur Post Nördl. Hauptstraße 5-7 83708 Kreuth Tel.: 08029-99550 reservierung@hotel-zur-post-kreuth.de www.hotel-zur-post-kreuth.de ÜN Hund: 10 Euro/Nacht

ℹ Tegernseer Tal Tourismus GmbH Hauptstraße 2 83684 Tegernsee Tel.: 08022-927380 www.tegernsee.com

➕ Dr. Sabine Gordon Schildensteinweg 6 83700 Rottach-Egern Tel.: 08022-67676 Mobil 0151-12744441 www.kleintierpraxis-rottach-egern.de

Die Gindelalmschneid – Klassiker unter den Münchner Hausbergen

Hundefreundlichkeit: Der Weg hinauf zur Gindelalmschneid verläuft auf überwiegend schattigen Pfaden, fernab von Straßen. Der Vorteil des Aufstieges von Norden aus ist, dass diese Seite meist weniger begangen wird, als vom Tegernsee aus. Nichtsdestotrotz ist die Neureuth mit dem gleichnamigen Berggasthof bei Einheimischen sehr beliebt. Das ganze Jahr über und vor allem an den Wochenenden herrscht hier reges Treiben. Wer kann, geht die Neureuth und die Gindelalmschneid unter der Woche. Je nach Schneelage ist die Tour auch im Winter machbar. Natürliche Wasserstellen gibt es jedoch wenige, dafür sind Hunde im Berggasthof willkommen. Am Parkplatz und auf den Almwiesen gibt es Weideflächen.

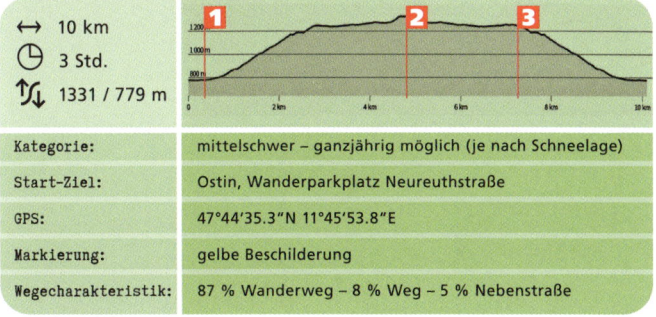

↔ 10 km	
⏲ 3 Std.	
↗↘ 1331 / 779 m	

Kategorie:	mittelschwer – ganzjährig möglich (je nach Schneelage)
Start-Ziel:	Ostin, Wanderparkplatz Neureuthstraße
GPS:	47°44'35.3"N 11°45'53.8"E
Markierung:	gelbe Beschilderung
Wegecharakteristik:	87 % Wanderweg – 8 % Weg – 5 % Nebenstraße

Vom Parkplatz in Ostin geht es los. Wir folgen der Teerstraße ein kurzes Stück Richtung Osten (**!** Autos möglich), um gleich nach dem Reithgraben rechts nach Oed bzw. Richtung Neureuth abzubiegen. Nun geht es immer, dem Weg folgend, in den Wald hinein. Nachdem wir nochmals den **1** Bach überquert haben – eine gute Gelegenheit für eine Hunde-Trinkpause – schlängelt sich der Weg für eine gute Stunde bergauf. Nach etwa 1,5 km sind wir oben auf der Lichtung angekommen. Rechter Hand ist bereits der **2** Berggasthof Neureuth zu sehen. Wir nehmen jedoch den Weg nach links.

TOUR
25

Nord

1 km

Gindelalmalm

Gindelalmen

3 Gindelalmschneid

Schusskogel

Oeder
Kogel

Oedberg Schlepplift

1

2 Berggasthof
Neureuth

Gassler
Berg

Ostin

Buchberg

Tegernsee

St. 2076

Schliersee-Straße

Sankt
Quirin

Tegernsee

Hauptstraße

B 307

Gmund

Pause auf der Sonnenterrasse
vom Berggasthof Neureuth

Dieser führt für etwa 15 Minuten in
mäßigem Auf und Ab durch den Wald
über den Kamm entlang. Am Waldrand
zweigt die Route rechts über die Wiese
hinauf zum Gindelalmschneid ab. Nach
abermals 15 Minuten ist der Berg samt
3 Gipfelkreuz bestiegen. Wie so oft
hat man eine tolle Aussicht, die jedoch
nur Zweibeiner tatsächlich interessieren
wird. Das Panorama reicht von München bis zum Chiemsee sowie über das
ganze Alpenvorland. Nach einer kurzen Pause geht es über den gleichen
Weg zurück zur Hütte. Die Einkehr in
der Neureuth sollte auf keinen Fall
fehlen: Empfehlenswert sind die Spi-
natknödel mit Butter und Parmesan.
Natürlich sind auch Vierbeiner herzlich
willkommen. Nach der Stärkung geht es
über den bekannten Weg zurück zum
Parkplatz.

Tipp

Die Neureuth ist auch von westlicher
Seite, von Tegernsee aus, zu besteigen.
Diese Route wird jedoch sehr viel fre-
qentierter genutzt als der Aufstieg
von Norden. Außerdem wird die Forststraße von Tegernsee zur Neureuth im
Winter zur Rodelbahn. Auch eine Über-
schreitung von Tegernsee über die Gindelalmen bis zum Schliersee ist sehr
beliebt und (je nach Schneelage) über
das ganze Jahr hinweg machbar. Am
Schliersee besteht Anschluss zum öf-
fentlichen Nahverkehr.

Info

🚌 mit der Bahn (BRB) bis
Gmund, weiter mit Bus
9555 Richtung Schliersee
bis Haltestelle „Ostin", von
hier wenige Minuten zu Fuß
bis zum Wanderparkplatz
am Reithgraben

🅿 Wanderparkplatz am
Reithgraben (Ende
Neureuther Straße)

🗺 Landesvermessungsamt Bayern
Umgebungskarten,
Topographisch 1: 50 000
UK 50-53 Mangfallgebirge

🍴 Berggasthof Neureuth
Neureuth 1
83684 Tegernsee
Tel.: 08022-4408
www.neureuth.com
Mo. Ruhetag

🛏 Tegernseetraum
Meta-Gadesmann-Straße 5
83700
Rottach-Egern
0176-62203553
www.tegernseetraum-
ferienhaus.de

Schnitzer's Dahoam
Hirschbergstraße 14
83707
Bad Wiessee
08022 9855-0
www.schnitzers-
dahoam.de

ℹ Tegernseer Tal
Tourismus GmbH
Hauptstraße 2
83684 Tegernsee
Tel.: 08022-927380
www.tegernsee.com

➕ Dr. Sabine Gordon
Schildensteinweg 6
83700 Rottach-Egern
Tel.: 08022-67676
www.kleintierpraxis-
rottach-egern.de

Taubenberg – klein, aber schnauf

Hundefreundlichkeit: Abseits touristischer Autobahnen bietet dieser unscheinbare Voralpenhügel alles, was das Hundeherz begehrt: viel Schatten, Wald und Wiesen, Wasserstellen und eine hundefreundliche Einkehr mit tollem Ausblick. Allerdings herrscht rund um das Berggasthaus Taubenberg Weidebetrieb. Auf dem Straßenabschnitt vor dem Berggasthaus ist Autoverkehr zu beachten.

↔ 7,5 km
🕐 2 Std.
⇅ 902 m / 727 m

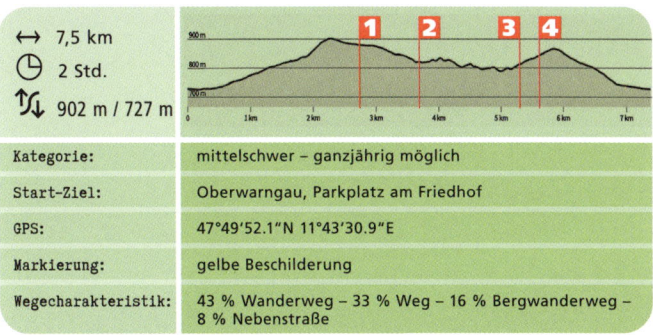

Kategorie:	mittelschwer – ganzjährig möglich
Start-Ziel:	Oberwarngau, Parkplatz am Friedhof
GPS:	47°49'52.1"N 11°43'30.9"E
Markierung:	gelbe Beschilderung
Wegecharakteristik:	43 % Wanderweg – 33 % Weg – 16 % Bergwanderweg – 8 % Nebenstraße

Vom Parkplatz aus laufen wir zunächst auf der Straße Am Bergfeld ein paar Meter Richtung Westen, um anschließend links in die Lindenstraße einzubiegen. Wir überqueren die kleine Brücke und biegen in die Austraße ein, dem Dorfbach folgend. Bereits nach wenigen Metern halten wir die Augen offen für das gelbe Schild mit der Aufschrift „Taubenberg", das uns leicht den Berg hinaufführt. Wir lassen die letzten Häuser von Oberwarngau hinter uns und tauchen in den Fichtenwald ein. Nach etwa 200

m endet die Straße. Hier biegen wir links auf den Forstweg ab und lassen das Versorgungshaus sowie eine Wildfütterungsstelle rechts liegen. Es folgt der steilste Anstieg der Tour. Hier macht der Taubenberg seinem Namen alle Ehre. Nach etwa 20 Minuten ist das steilste Stück geschafft. An der Kreuzung halten wir uns rechts und folgen dem Fahrweg in leichtem Auf und Ab. Hunde besser an die Leine nehmen, da hier auch gerne **❗** Radler unterwegs sind. Der **1** Aussichtsturm, den wir nach wenigen

1 km

2 Berggasthof Taubenberg

! Straße

1

! Radfahrer

Nüchternbrunn **3**

4

Oster warngau

! Weidevieh

Am Bergfeld

Austraße

Burg straße

Lindenstraße

Oberwarngau

Ried straße

B 318

Re
ha

Agility Übungen sind inklusive am Taubenberg

Minuten erreichen, ist leider meistens verschlossen. Wer trotzdem die Aussicht genießen möchte, kann sich den Schlüssel beim Berggasthaus Taubenberg ausleihen. Aber auch ohne Turm haben wir gleich eine schöne Aussicht auf die Alpenkette. An der kleinen Kapelle, wenige Meter östlich des Turmes, lichtet sich der Wald und gibt einen tollen Blick auf die Berge frei. Die nächsten 700 m geht es auf einer neu angelegten Straße in Richtung Osten (Achtung ❗ Autos) bis zum ❷ Berggasthof Taubenberg. Hunde also wieder an die kurze Leine nehmen und die Viertelstunde bis zur Einkehr bergabwärts schlendern. Auf der großen Sonnenterrasse sind Hunde willkommen – in der Wirtsstube hingegen nicht, da dort nur wenig Platz ist. Nach einer guten Brotzeit bei wunderschönem Ausblick treten wir den Rückweg an. Dazu gehen wir vom Parkplatz der Hütte aus in

Der Berggasthof Taubenberg

nordwestlicher Richtung in den Wald hinein. Ein Wegweiser zeigt bereits das nächste Etappenziel an: „Nüchternbrunn". Der Weg wird schmaler und schlängelt sich in leichtem Auf und Ab am Hang entlang durch den Wald. Vorbei an einigen kleinen Quellen, wird der Weg schließlich zum Pfad und endet auf der Lichtung von

3 Nüchternbrunn mit der gleichnamigen Wallfahrtskapelle, wo alljährlich Mitte September eine Wallfahrt statt findet. Auf der Lichtung finden sich neben der Kapelle auch einge Holzbänke und ein Unterstand für eine Pause. Die heilige Quelle ist seit Generationen für ihre Heilkräfte, vor allem bei Augenleiden, bekannt. Hier findet jährlich am 15. September, anlässlich des Gedächtnisses der Schmerzen Mariens, eine Wallfahrt statt. Das Areal besteht aus der Kapelle, einer Klause und der, in einem Becken gefassten, heiligen Quelle. Von der Quelle ausgehend, steigt der Weg in wenigen Stufen bergan und wir halten uns links. Der Weg ist mit einem weißen Punkt markiert und führt Richtung Osterwarngau. Da wir zurück nach Oberwarngau wollen, biegen wir an der kurz darauf folgenden **4** Kreuzung links ab. Nach 200 m halten wir uns rechts und folgen dem Wegverlauf Richtung Westen. Der Weg wird nun deutlich schmaler und führt recht steil bergab. Beim Hochsitz in der Kurve halten wir uns links. Der Weg wird nun wieder breiter und das Ende des Waldes ist bereits in Sichtweite. Achtung: Auf den saftigen Wiesen vor den Toren Oberwarngaus ist zur Saison **H** Weidevieh anzutreffen. Kurz vor dem Parkplatz, dem Ausgangspunkt der Tour, ist eine Tütenstation an der Weggabelung aufgestellt, sodass mitgetragene Hinterlassenschaften entsorgt werden können.

Tipp

Wer die Rundtour etwas verlängern möchte, schlägt an der Kreuzung kurz nach Nüchternbrunn nicht den Weg nach Oberwarngau ein, sondern läuft geradeaus nach Osterwarngau. Der Weg führt ähnlich steil bergab wie der Hauptweg. Im Ort angekommen hält man sich links und folgt dem Wegweiser nach Oberwarngau. Diese Extrarunde dauert eine gute Stunde länger.

Info

H mit der Bahn (BRB) bis Warngau, weiter ca. 20 min zu Fuß in den Ortskern zum Friedhof (Straße Am Bergfeld)

P Parkplatz am Friedhof (Am Bergfeld)

⚏ Landesvermessungsamt Bayern Umgebungskarten, Topographisch 1: 50 000 UK 50-53 Mangfallgebirge

🍴 Berggasthof Taubenberg Taubenberg 1 83020 Warngau Tel.: 08020-1705 www.taubenberg.de

Gasthof zur Post Taubenbergstraße 27 83627 Warngau Tel.: 08021-269 www.zurpost-warngau.de

🛏 Gästehaus Jais Ahornallee 20 83627 Warngau 08021/8954 www.gaestehaus-jais.de Hund 10 Euro/Nacht

i Alpenregion Tegernsee Schliersee e.V. Rathauspl. 2, 83714 Miesbach 08025 9937250 www.tegernsee-schliersee.de

✚ Dr. Michael Günther Austraße 2 83627 Warngau Tel.: 08021-9556

Um's Mangfallknie – mit oder ohne Kamel

Hundefreundlichkeit: Abwechslungsreiche, meist wenig frequentierte Runde mit etlichen Wasserstellen. Für Hund und Halter sind kaum Höhenunterschiede zu bewältigen. Im Sommer spenden die Wälder viel Schatten, in den Wintermonaten ist es dafür durch die Südausrichtung recht sonnig, Weidevieh (und Kamele) sind eingezäunt. Eine ideale, leichte Ganzjahrestour für Zwei- und Vierbeiner.

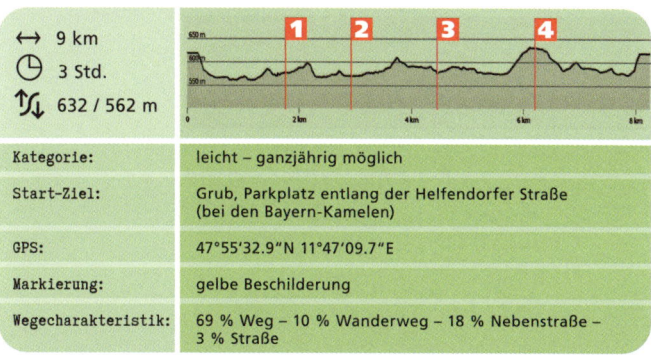

↔ 9 km
🕑 3 Std.
↕ 632 / 562 m

Kategorie:	leicht – ganzjährig möglich
Start-Ziel:	Grub, Parkplatz entlang der Helfendorfer Straße (bei den Bayern-Kamelen)
GPS:	47°55'32.9"N 11°47'09.7"E
Markierung:	gelbe Beschilderung
Wegecharakteristik:	69 % Weg – 10 % Wanderweg – 18 % Nebenstraße – 3 % Straße

Das erste Highlight der Tour wartet nur wenige Meter vom Parkplatz, dem Ausgangsort der Tour, entfernt: die Bayern-Kamele. Nachdem wir die Straße überquert haben, wandern wir ohne die netten Höckertiere los und laufen bergab auf der wenig befahrenen Teerstraße Richtung Süden. Hinter der Bahnunterführung halten wir uns links und folgen der gelben Markierung Richtung „Kleinhöhenkirchen". Der Weg führt über eine Brücke über die Mangfall und danach wieder gen Süden. Nach guten 10 Minuten biegen wir leicht rechts auf den Weg ab und folgen der Beschilderung „Breitmoos". An einer skurrilen **1** Jesus-Skulptur folgen wir dem Weg leicht nach links durch den Hof.

Gleich darauf im Wald wählen wir den linken Weg, um uns nach weiteren 10 Minuten rechts zu halten (rote Pfeile am Baum). Der kleine Pfad führt über Wurzeln alter Bäume und mündet bereits nach wenigen Minuten wieder auf die Forststraße. Hier links leicht

TOUR
27

Rosenheimer Straße

Grub

Bayern-Kamele

Mangfall

Ifendorfer Str.

Gruber Straße

1

Kleinhöhen-
kirchen

Sollach

Hohen-
dilching

4

2

Münchner Straße

Dilchinger Straße

Mangfall

Sonder-
dilching

Autos

3

Valley

Unterdarching

Nord

1 km

Ein Kamel, ein Kamel!

den Berg hinauf und einem schmalen Pfad bis zu einem Haus folgen. Rechter Hand führt eine **2** Brücke über die Mangfall, doch wir widerstehen der Verlockung, unsere Tour abzukürzen. Stattdessen nehmen wir den Weg geradeaus (Wegweiser „Valley") und bleiben auf der östlichen Uferseite. Nach wenigen Metern taucht auf der anderen Seite der Mangfall die

Anderlmühle auf, die wir auf unserem Rückweg passieren werden.

Wir folgen dem schönen, schmalen Wurzelpfad weiter bis zur Forststraße. An der Weggabelung halten wir uns leicht links und überwinden ein paar Höhenmeter. Nach etwa 15 Minuten mündet die Forst- in eine Hauptstraße. Achtung: Hier kann mitunter **!** reger Autoverkehr herrschen. Wir

Da geht's lang ...

überqueren die **3** Brücke und treten auf der westlichen Uferseite den Rückweg an.

Wem hier nach einer Stärkung zumute ist, dem sei das Bräustüberl in Valley mit einem schönen Biergarten ans

Herz gelegt. Dazu gerade den Schlossberg hoch. Zurück an der Mangfall biegen wir links in den Aumühler Weg mit der gelben Markierung Richtung „Grub" ein. Zunächst geht es durch die kleine Ansiedlung in den Wald hinein.

Nach wenigen Minuten halten wir uns rechts, balancieren über ein Holzbrett und wandern den schmalen Pfad leicht bergab. Dabei passieren wir ein Drehkreuz. Jetzt ist schon Hohendilching zu sehen. Der Name ist Programm: Es geht bergauf auf den höchsten **4** Punkt der Tour. Wir folgen der Teerstraße, wandern an der ⦿ Kirche vorbei und verlassen das Dorf geradeaus in nördlicher Richtung. Im Wald ist es wieder ruhiger und schattiger. Die Mangfall ist noch immer unser treuer Begleiter. Nach ungefähr 20 Minuten halten wir uns an der T-Kreuzung rechts. Jetzt sind es noch gute 200 m und die erste Kreuzung der Runde ist wieder erreicht. Auf bekanntem Weg geht es links den Berg hinauf. Oben angekommen freuen sich die Kamele noch über ein Servus. Hund und Halter wiederum freuen sich auf den netten kleinen Biergarten an der Hauptstraße (ca. 300 m links).

Tipp

Optional erweiterbar ist die Runde bis zur Maxlmühle, an der man auch einkehren kann. Dazu an der Südspitze der Haupttour nicht die Mangfall überqueren, sondern weiter geradeaus in Richtung Süden. Die Mühle ist in einer guten Stunde zu erreichen. Den Rückweg kann man ebenfalls auf der westlichen Uferseite bestreiten. Entlang der Mangfall kann man auch eine Wanderung mit und auf dem Kamel unternehmen. Hunde sind zwar willkommen, müssen aber angeleint mit einem Zweibeiner hinter der Karawane herlaufen, da die Kamel sonst nervös werden. Dies muss vorab in Absprache mit dem Veranstalter geklärt werden. www.bayern-kamele.de

Info

H mit der S-Bahn (S7) bis Haltestelle „Kreuzstraße", dann weitere 30 min zu Fuß auf der Rosenheimer Straße Richtung Osten bis zu den Bayern-Kamelen

P Parkplatz (Helfendorfer Straße)

▨ Landesvermessungsamt Bayern Umgebungskarten, Topographisch 1: 50 000 UK50-53 Mangfallgebirge

🍴 Gasthof-Hotel "Zur schönen Aussicht" Schöne Aussicht 9 83620 Kleinhöhenrain Tel.: 08063-8663 www.zur-schoenen-aussicht.com

Bräustüberl Valley Graf-Arco-Straße 28 83626 Valley, Tel.: 08024-3030550 braustuberl-valley.de

i Geminde Aying Kirchgasse 4 85653 Aying Tel.: 08095-90950 www.aying.de

Bayern-Kamele Kamelhof 1, 83626 Valley 08063 9966 bayern-kamele.de

✚ Kleintierpraxis Dr. med. vet. Katrin Werth Ludwig-Erhard-Straße 5, 83620 Feldkirchen-Westerham 08063 7870 kleintierpraxis-werth.de

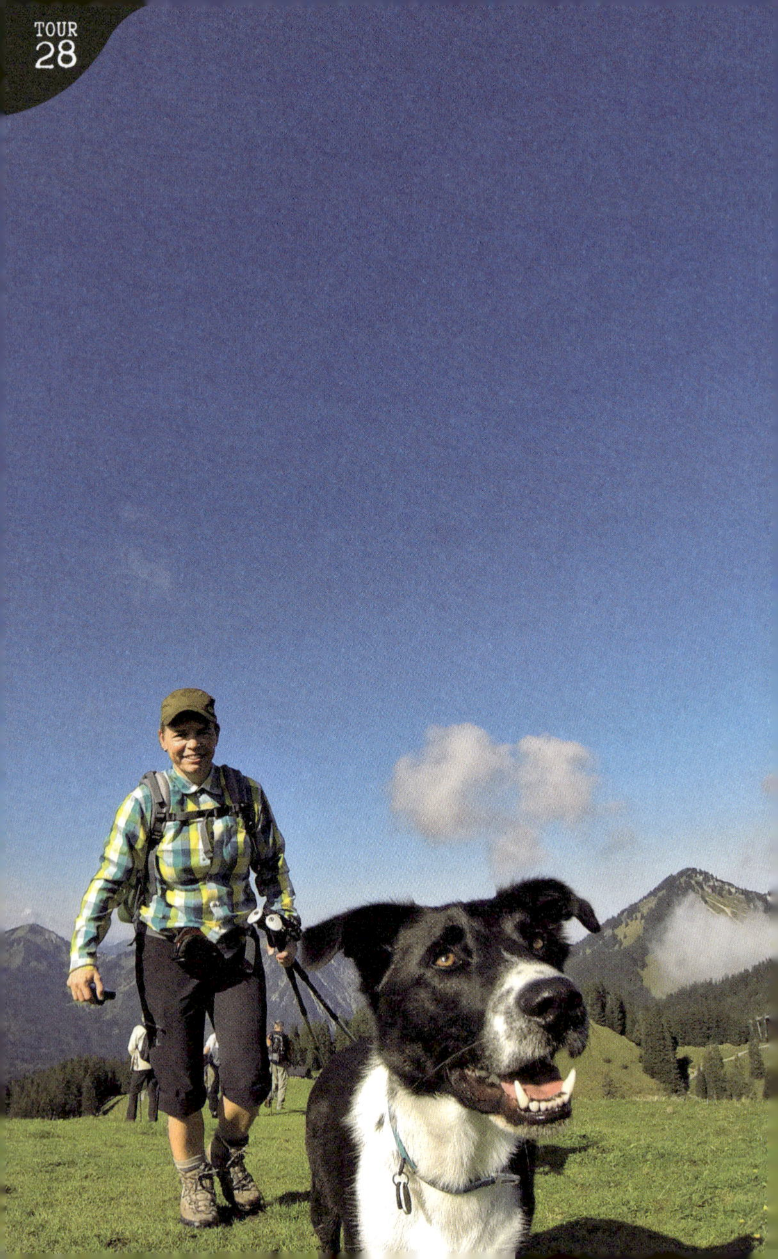

Roßkopf: Hoch über'm Spitzingsee

Hundefreundlichkeit: Eine schöne Hundewanderung, die sich insbesondere vor oder nach der Weidesaison empfiehlt. Bäume und Wälder spenden viel Schatten, unterwegs gibt es immer wieder Wasserstellen für durstige Fellnasen. Bei schönem Wetter und an Wochenenden können Teilstrecken mitunter stärker frequentiert sein. Unvermeidbar sind kurze Passagen auf Versorgungswegen, die zu den Hütten führen. Hier können Autos unterwegs sein.

↔ 11 km		
⏱ 3,5 Std.		
⤳ 1580 / 1044 m		

Kategorie:	mittelschwer – Frühjahr bis Herbst (je nach Schneelage)
Start-Ziel:	Spitzingsee, Stümpflingweg (Parkplatz Kurvenlift)
GPS:	47°39'59.2"N 11°52'34.3"E
Markierung:	gelbe Beschilderung
Wegecharakteristik:	65 % Wanderweg – 21 % Bergwanderweg – 14 % Weg

Diese Rundtour mit Start und Ziel am Kurvenlift beginnt gemütlich. Um zu unserem ersten Etappenziel, **1** Untere Firstalm, zu gelangen, folgen wir der Fahrstraße in westlicher Richtung und wandern dabei gemütlich – quasi als Warm-up – an einigen privaten Hütten vorbei. Zur Freude unserer vierbeinigen Begleiter passieren wir einige kleine Wasserstellen – allerdings auch die ersten **!** Weidetiere. Nach einer halben Stunde ist die Alm, die erste Einkehrmöglichkeit auf unserer Tour,

(allerdings nicht die günstigste) bereits erreicht.

Weiter geht es über die Weideflächen und vorbei am Lifthaus gen Süden Richtung **2** Suttenstein. Der Suttenstein ist kein richtiger Gipfel, bietet aber einen schönen Blick Richtung Wallberg im Westen. Am Grat des Suttensteins halten wir uns links und steigen in Richtung Osten auf (Wegweiser „Roßkopf"). Die knapp 700 m lange Piste des Osthanglifts lässt sich gut laufen und ist in etwa 20 Minuten geschafft. Oben angekommen,

TOUR
28

Spitzingstraße

Spitzingsee

Spitzingsee

Rote Valepp

5 🍴 Albert-Link-Hütte

Stümpflingweg

》》《《P

Lyralift

Valeppalpelift

Grünsee Alm

Grün-
see

Kurvenlift

Stümpfling-Sesselbahn

Drei-Tannenlift

Osthanglift

Roßkopflift

4 Roßkopf

3 🍴

Stümpfling Alm

🍴 **1**

Nordhanglift

!

2

Weidevieh

Sutten-Sesselbahn

Nord ←

komoot, Kartendaten:
© OpenStreetMap-Mitwirkende,
CC-BY-SA

1 km

Blick auf den Grünsee

erwarten uns der nächste Lift sowie die **3** Bergstation der Stümpfling- und der Sutten-Sesselbahn (von Rottach), die sich hier am Kamm treffen. Unten ist in östlicher Richtung der Spitzingsee zu sehen. Wir steigen die paar Meter hinab und passieren die neu erbaute Jagahütt'n, eine weitere Einkehrmöglichkeit auf der Tour. Zwischen den Liften gerade aufwärts zum **4** Roßkopf. Er thront oberhalb des Roßkopfliftes und ist bereits in Sichtweite. Der Aufstieg ist sowohl für Zwei- als auch Vierbeiner recht einfach und die Aussicht von dem frei stehenden Grasbuckel kann sich sehen lassen.

Nun beginnt der Abstieg. Wir folgen dem Wegweiser „Spitzingsee Ort/ Grünsee Alm", der uns weiter nach Osten führt. Die Alm und der See sind bereits zu sehen. An der Alm lohnt eine Rast am Grünsee, der seinem Namen alle Ehre macht. Gelegentlich

Auf meist gut ausgebauten Wegen führt diese Runde um das Spitzinggebiet

sind hier Angler anzutreffen. Alternativ können wir auch den direkten Abstieg vom Gipfel nehmen, welcher jedoch recht steil ist. Wir lassen den See hinter uns und folgen dem Pfad in den Wald hinein, der nach wenigen Minuten wieder auf die Fahrstraße von der Grünsee Alm führt. Hier rechts halten und in einer großen Linkskurve auf dem Hauptweg bleiben. Der Weg wird mitunter recht steil. Treten wir aus dem Wald heraus, sind es noch gute 400 m über die Weideflächen bis zur **5** Albert-Link-Hütte. Sie ist für ihre gute Speisekarte und das selbst gebackene Brot bekannt. Bei schönem Wetter und an Wochenenden herrscht hier meist reges Treiben. Der Weg führt uns danach fast zurück bis zum Waldrand. Kurz davor biegen wir rechts Richtung Spitzingsee ab. Der Weg ist nicht zu verfehlen. Am Abzweig „Berggasthof am Roßkopf" halten wir uns links und nehmen den kleinen Anstieg hinauf. Auf dem Trampelpfad ist nach 5 Minuten der Hof des Stolzenberghauses (Heim der Bereitschaftspolizei) erreicht. Spätestens hier sollten Hunde wieder an die kurze Leine. Auf dem Lyraweg halten wir uns rechts und folgen der Straße etwa 200 m. An einem Briefkasten biegen wir links ab und wandern auf dem schmalen Weg Richtung Norden. Eben führt der Weg immer geradeaus und schattig am Spitzingsee entlang. Der Spitzingsee ist der größte Gebirgssee Bayerns und liegt auf einer Höhe von 1084 m. Nachdem wir ein Gatterl durchquert haben, führt der Weg noch für ein paar Meter über die freie Wiese. An der T-Kreuzung halten wir uns links und kommen so zurück zum Ausgangspunkt am Kurvenlift.

Tipp

Da diese Tour über Skipisten führt, ist sie während der Skisaison nicht möglich. Wer im Winter dennoch am Spitzingsee unterwegs sein möchte, dem sei die Seerunde ans Herz gelegt, die optional auch bis Valepp (Albert-Link-Hütte liegt auf dem Weg) erweitert werden kann. Das gleichnamige Gebirgstal erstreckt sich in südlicher Richtung von Spitzingsee bis zum Forsthaus Valepp. Die ca. 6 km lange Verbindungsstraße ist für Pkws gesperrt, allerdings transportieren Busse – und im Winter Pferdekutschen – die Besucher von A nach B. In den meisten Fällen gibt es jedoch einen Fußweg abseits der Straße.

Info

🚌 mit der Bahn (BRB) bis Fischhausen-Neuhaus, weiter mit Bus 9562 Richtung Spitzingsee bis Haltestelle „Spitzingsattel", von hier ca. 15 min über den Stümpflingweg zum Kurvenlift

Bergbahnen Spitzingsee www.alpenbahnen-spitzingsee.de

🅿 alle kostenpflichtig, Parkplatz Kurvenlift

🗺 Landesvermessungsamt Bayern Umgebungskarten, Topographisch 1: 50 000 UK 50-53 Mangfallgebirge

🍴 Albert Link Hütte Valepper Straße 8 83727 Schliersee-Spitzingsee Tel.: 08026-71264 www.davplus.de/ albert-link-huette ganzjährig geöffnet Mo. Ruhetag

▬ Ferienwohnung Spitzingsattel Spitzingstr. 6 83727 Schliersee 0175-1896026

ℹ Markt Schliersee Rathausstraße 1 83727 Schliersee Tel.: 08026-6009-0 www.schliersee.de

✚ Fachtierärztliches Spital für Kleintiere Brentenstraße 7a 83734 Hausham 08026 74 74 www.tierspital-schliersee.de

173

Auf Bärenspuren zur Rotwand

Hundefreundlichkeit: An Wochenenden ist die Tour nur bedingt als Hundewanderung zu empfehlen, da wegen der Bahn meist Hochbetrieb herrscht. Oberhalb der Baumgrenze gibt es wenige Wasserstellen und wenig Schatten. Rund um die Rotwand sind oft Murmeltiere, etwas seltener Gämsen anzutreffen. Unterhalb der Wildfeldalmen gibt es viel Schatten und Erfrischungsmöglichkeiten durch natürliche Wasserstellen. Der Einstieg zur Bahn führt teilweise über Gitterroste.

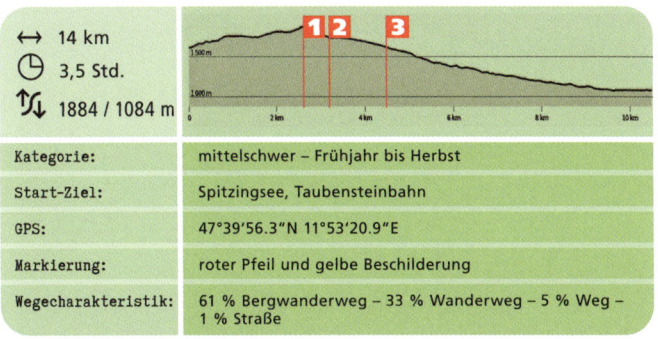

↔ 14 km
⏱ 3,5 Std.
⇅ 1884 / 1084 m

Kategorie:	mittelschwer – Frühjahr bis Herbst
Start-Ziel:	Spitzingsee, Taubensteinbahn
GPS:	47°39′56.3″N 11°53′20.9″E
Markierung:	roter Pfeil und gelbe Beschilderung
Wegecharakteristik:	61 % Bergwanderweg – 33 % Wanderweg – 5 % Weg – 1 % Straße

Nachdem wir das erste Highlight der Tour, die Fahrt mit der Taubensteinbahn mit ihren historischen Kabinen, genossen haben (Achtung: Im Einstiegsbereich der Bahn gibt es hundeunfreundliche Gitterroste), befinden wir uns schon auf 1660 m. Wir starten unsere Tour Richtung Süden und folgen dem Wegweiser zur Rotwand. Haben wir die ersten Höhenmeter überwunden, ist der ⏺ Taubenstein rechter Hand zu sehen. Dieser ist in wenigen Minuten erklettert

– allerdings besser ohne Hunde! Das die Taubensteinbahn jährlich tausende Menschen hochkutschiert, bezeugt ein Blick auf den Weg: Die Steine sind rund und speckig gelaufen und daher teilweise rutschig. Gerade bei ⚠ Nässe ist Vorsicht geboten. Der vielbelaufene Pfad ist nicht zu verfehlen und führt dabei ohne große Höhenunterschiede über leicht morastige Weideflächen. ⚠ Kühe und Schafe sind hier überall anzutreffen, daher Hunde besser an die Leine.

Nord

1 km

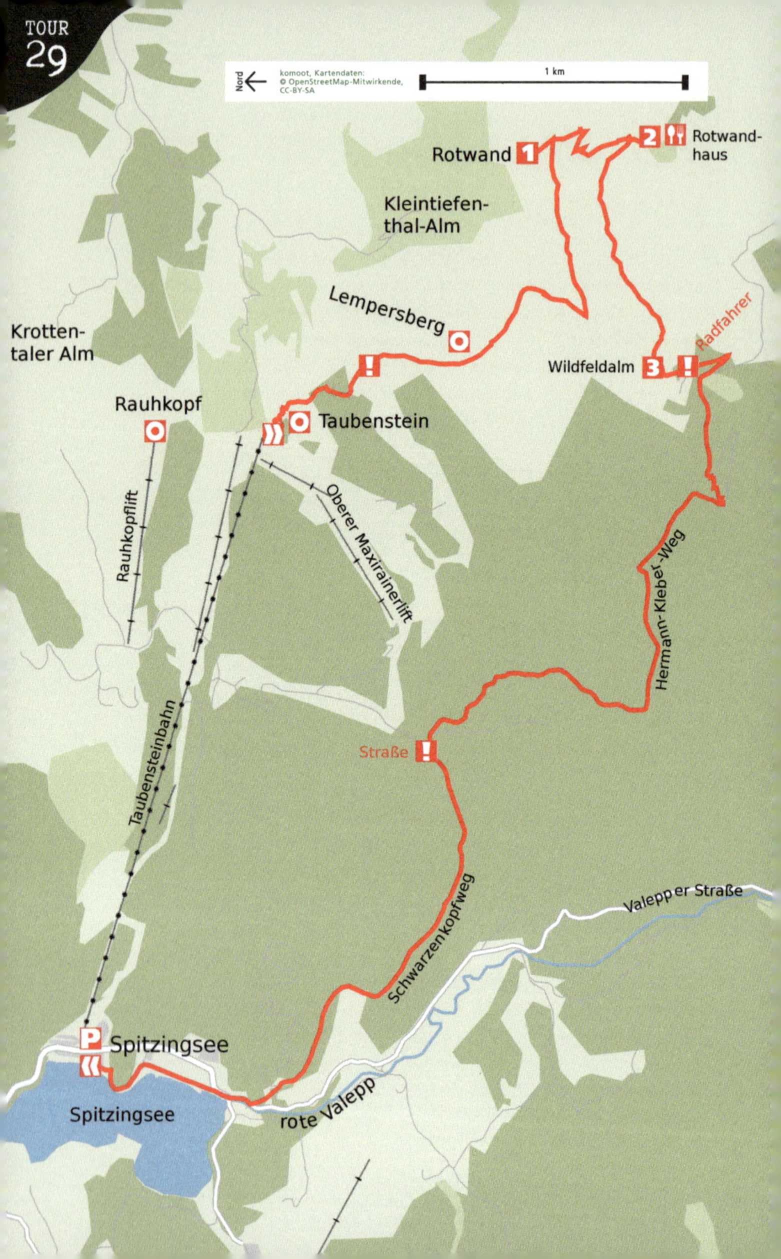

Rotwand **1**

2 Rotwand-
haus

Kleintiefen-
thal-Alm

Lempersberg

Krotten-
taler Alm

O

Wildfeldalm **3** Radfahrer

Rauhkopf

O

O Taubenstein

Rauhkopflift

Oberer Maxlrainerlift

Hermann-Kleber-Weg

Straße **!**

Taubensteinbahn

Schwarzenkopfweg

Valepper Straße

P Spitzingsee

Spitzingsee

rote Valepp

Kurze, felsige Passagen auf dem Weg zum Taubenstein

Nach einer großen Rechtskehre am Grat mit markantem Felsbrocken, dem Klammstein, teilt sich der Weg. Während es rechts in leichtem Bergab zum Rotwandhaus geht, nehmen wir den linken Weg und wandern leicht bergauf an den rötlichen Felsen der Rotwand entlang. Der ist stets gut ausgebaut und auch für Hunde ohne Probleme begehbar. Zwei- und Vierbeiner werden hier öfter ein Pfeifen hören: Der Wächter der Murmeltiere warnt seine Kollegen vor den „Eindringlingen" in ihr Revier. Zu sehen sind die Tiere jedoch selten.

Nach einer Linkskurve erreichen wir nach einer kleinen, unschwierigen Kletterei über ein paar Felsstufen den **1** Gipfel der Rotwand. Hier oben ist der Ausblick grandios. An schönen Tagen kann man bis zum Großvenediger, der markanten Bergpyramide,

Hund gesichert am Rotwandgipfel

sehen. Ebenso interessant ist die große, kupferne Panoramascheibe, auf der alle umliegenden Berge eingezeichnet sind.

Nachdem man alle Blicke eingesaugt hat, erfolgt der leichte Abstieg zum **2** Rotwandhaus in Richtung Süden. Der Weg ist nicht zu verfehlen. Die Küche ist hervorragend und die große Sonnenterrasse lädt zum Verweilen ein. Unweit von hier, in der Nähe der Kümpflalm, kam es 2006 zu einem medialen Großereignis. Braunbär Bruno musste hier sein Leben lassen, da er von der Bayerischen Regierung als „Problembär" eingestuft wurde. Vorab hatten sich deutschlandweit die Menschen mit Bruno solidarisiert.

Weiter bergab geht es über den Hermann-Kleber-Weg in Richtung Westen zu den Wildfeldalmen. An der oberen **3** Wildfeldalm kann man zur Sennersaison selbst gemachten Käse erwerben. Die eigentliche Wildfeldalm, etwas tiefer gelegen, ist eine Selbstversorger-Hütte des DAV. Die Fahrstraße wird im Sommer gerne von **!** Mountainbikern genutzt – Vorsicht also mit den Hunden. Schon bald erreichen wir auf dem Hermann-Kleber-Weg den Wald. Durstige Fellnasen finden hier genügend Wasserstellen und auch der schattige Weg sorgt für genügend Abkühlung. Nach etwa 45 Minuten durch den Wald erreichen wir eine T-Kreuzung. Wir biegen links in den Schwarzenkopfweg (**!** Autos möglich) ein und wandern weiter bis nach Spitzingsee. Den letzten Kilometer geht es dann direkt am östlichen Seeufer entlang zurück zum Parkplatz Taubenstein.

Tregleralm: Tolle Aussicht und Kaiserschmarrn

Hundefreundlichkeit: Die Tregleralm ist ein ganzjährig beliebtes und meist recht gut besuchtes Ziel oberhalb von Bad Feilnbach. Dennoch eignet sich die Tour als Hundewanderung, da es bis auf die letzten Minuten ausschließlich im schattigen Wald entlanggeht und viele kleine Wasserstellen zu finden sind. Auf der Tregleralm selbst gibt es sehr nettes und hundefreundliches Personal. Im Sommer ist auf Weidevieh zu achten, im Winter wird der Weg auch als Rodelbahn genutzt. Durch die Steigung erwartet Rodler eine rasante Abfahrt. Daher Vorsicht mit den Hunden.

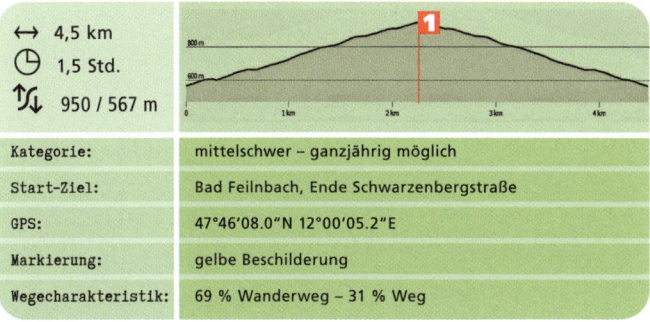

↔	4,5 km
🕐	1,5 Std.
⇅	950 / 567 m

Kategorie:	mittelschwer – ganzjährig möglich
Start-Ziel:	Bad Feilnbach, Ende Schwarzenbergstraße
GPS:	47°46'08.0"N 12°00'05.2"E
Markierung:	gelbe Beschilderung
Wegecharakteristik:	69 % Wanderweg – 31 % Weg

Am Parkplatz an dem kleinen Wendeplatz ist der Ausstieg nicht zu verfehlen. Ein großes Schild der Tregleralm weist die richtige Richtung. Nach nur wenigen Minuten erreichen wir eine Wegkreuzung. Hier halten wir uns links und folgen dem Wegweiser „Tregleralm". Ab hier führt der Weg etwas steiler bergauf. Nach 5 Minuten passieren wir erneut eine kleine Kreuzung. Ein Abstecher zur ⬛ „schönen Aussicht" (grüner Wegweiser), da wir einen ersten Ausblick über Bad Feilnbach genießen können. Zurück auf dem Hauptweg setzen wir den Aufstieg über den schönen Forstweg fort. Dabei lassen wir den Abzweig zum „Bergcafé Hofer Alm" links liegen

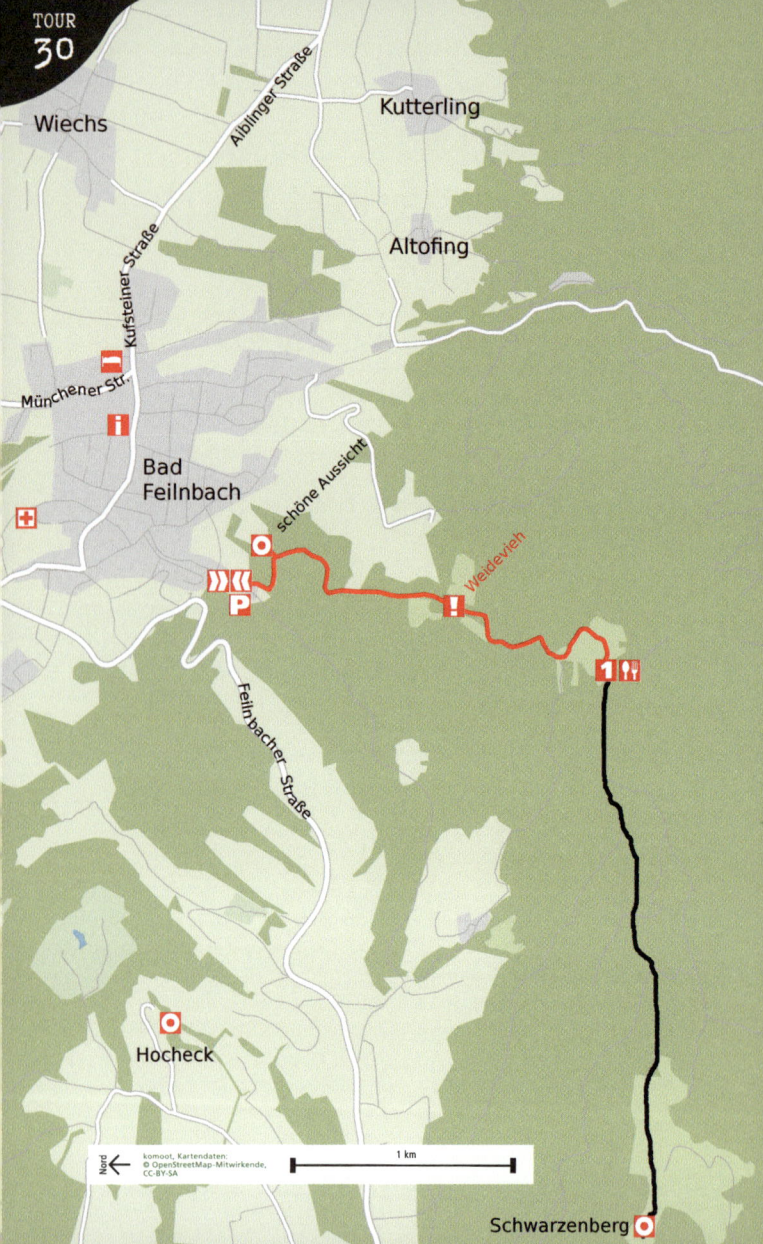

Wiechs

Kutterling

Altofing

Aiblinger Straße

Kufsteiner Straße

Münchener Str.

Bad
Feilnbach

schöne Aussicht

Weidevieh

Feilnbacher Straße

Hocheck

Nord

1 km

Schwarzenberg

Das Klugscheisser Hunde- buch

KLUGSCHEISSER

Abenteuer Gassi –
Beschäftigung ohne
Hilfsmittel

Melanie Knies
Anke Peters
Simone Laube
Robert Gaiswinkler

Huskywetter

und folgen dem Weg geradeaus, der nicht zu verfehlen ist. Im Winter allerdings spuren die Tourengeher gerne ihre eigenen Wege seitwärts des Wanderwegs. Der folgende Weiderost kann bequem mit Hunden umlaufen werden. Allerdings ist dies das Zeichen, dass hier zur Saison ⚠ Weidevieh auf den Wiesen anzutreffen ist.

Am Waldrand linker Hand sehen wir schon bald die Bergwachthütte. Anschließend macht der Weg einen Rechtsbogen, gefolgt von einer Linkskurve, die uns aus dem Wald herausführt. Die 🔢 Tregleralm ist bereits zu sehen. Jetzt noch wenige Minuten und die Alm samt großer Sonnenterrasse ist erreicht. Hier oben reicht der Blick bis ins Chiemgau hinüber. Von hier aus besteht noch die Option, auf den 🔴 Schwarzenberg zu wandern. Von dort hat man eine schöne Aussicht auf den Spitzing- und Schliersee.

Tipp

Wer noch weiter möchte, kann noch den Schwarzenberg besteigen. Dazu rechts an der Alm vorbei und in Richtung Westen weiterwandern. Der Weg ist stets gut beschildert. Etwa eine Stunde sollte man bis zum Gipfel rechnen. Der Abstieg erfolgt auf dem gleichen Weg.

Info

🅷	mit der Regional Bahn bis Bad Aibling, weiter mit dem Bus 9580 oder 343 nach Bad Feilnbach, „Kufsteiner Straße", von hier aus ca. 15 min Fußweg zum Ende der Schwarzenbergstraße
🅿	Parkplatz (Ende der Schwarzenbergstraße)
🗺	Landesvermessungsamt Bayern Umgebungskarten, Topographisch 1: 50 000 UK 50-53 Mangfallgebirge
🍴	Tregleralm Tregler Alm 1 83075 Bad Feilnbach Tel.:08066-1420 www.tregleralm.de Mo. Ruhetag
▬	Ferienwohnung Christine Kuttenhofer Am Heilholz 2 83075 Bad Feilnbach Tel.: 08066-1467 www.urlaub-badfeilnbach.de/kuttenhofer ÜN Hund: 2 Euro/Nacht Wachingerhof Hocheckstr. 25 83075 Bad Feilnbach 08066 / 545 www.wachingerhof.de Hund 12 Euro /Nacht
ℹ	Kur- und Gästeinformation Bad Feilnbach Rathauspl. 1, 83075 Bad Feilnbach 08066 887440 www.bad-feilnbach.de
✚	Ursula Brosig Kufsteiner Str. 13 83075 Bad Feilnbach 08066 884242 www.tierarztpraxis-badfeilnbach.de